Inhalt

Vorwort

Dies ist ein Buch über experimentelle Dörfer für außergewöhnliche Menschen. Experimentell sind sie, weil sie wirtschaftlich und sozial eine Gemeinschaft bilden; experimentell, weil sie für fast alle Arten von Menschen mit allen Variationen exzentrischen Verhaltens Platz haben; experimentell, weil sie alte Lebens- und Kulturformen wieder aufgreifen. Ihre höchst unterschiedlichen Bewohner – von denen viele nach offiziellen Beurteilungskriterien als «behindert» gelten – teilen alle Momente des täglichen Lebens miteinander: Wohnung, Mahlzeiten, Arbeit, kulturelles Leben. Es gibt keine individuelle Bezahlung, weder Betreuer noch Betreute. Die Dörfer sind also keine Institutionen, aber Beispiele für das gewöhnliche Leben stellen sie auch nicht dar.

Seit zwanzig Jahren fühle ich mich diesen Dorfgemeinschaften verbunden. Ich bin zwischen ihnen und dem Leben in der «normalen» Gesellschaft hin- und hergependelt, und jedes Mal ist der Wechsel ein kultureller und emotionaler Schock gewesen. Zwei verschiedene Arten von Leben. Zwei verschiedene Arten von Gründen für das Leben. Doch durch die vorhandenen Unterschiede erhellen sich beide gegenseitig. Im vorliegenden Buch versuche ich zu beschreiben, was auf beiden Seiten sichtbar wird. Dabei habe ich mir drei Ziele gesetzt.

Erstens möchte ich die Dörfer als solche schildern, um verständlich zu machen, was für eine seltene Spezies sie eigentlich repräsentieren. In Europa gibt es derzeit an die sechzig von ihnen, und auch in anderen Kontinenten sind sie vertreten. Es ist daher wichtig, sie systematischer kennenzulernen. Die modernen Industriegesellschaften im Osten wie im Westen haben mit all ihrer Leistungsfähigkeit auch eine Ausrottung alternativer Gesellschaftsformen bewirkt. Die Zahl alter Stämme schrumpft, der Artenreichtum nimmt ab. Doch mitten in diesem Prozeß entwickeln sich plötzlich neue Gebilde, die radikale Alternativen bieten. Neue Arten entstehen. Sie zeigen neue Möglichkeiten zu verstehen, was soziales Leben bedeutet.

Zum zweiten sind die experimentellen Dorfgemeinschaften in unserer Mitte gewissermaßen aus der Unzufriedenheit mit den Standardlösungen unserer Gesellschaft hervorgegangen. Daher werden sich diese so ganz anders gearteten Formen des Zusammenlebens möglicherweise überraschend gut dazu eignen, problematische Aspekte der modernen Industriegesellschaft zu erhellen.

An dritter Stelle schließlich steht die Frage, ob die besagten Dörfer als exemplarisch gelten können und ob vor allem die in ihnen verwirklichten Ideen bei der gegenwärtigen Krise der Sozialarbeit weiterhelfen können. Überall werden Institutionen aufgelöst. Das erklärte Ziel dabei ist, Menschen, die nicht der Normalität entsprechen, wieder der normalen Gesellschaft einzugliedern. Damit stellt sich jedoch die Frage, was für ein Leben diese Menschen im Alltag unserer Gesellschaft erwartet. Materiell gesehen wird ihr Leben akzeptabel sein, zumindest in den Solidargemeinschaften der Wohlfahrtsstaaten. Doch wird es auch unter dem Aspekt der Vielfalt an sozialen Beziehungen und kulturellen Aktivitäten ein gutes Leben sein? Sind diese Menschen in einen gesellschaftlichen Lebenszusammenhang einbezogen, der es ihnen ermöglicht, durch ihre besonderen Eigenschaften und Fähigkeiten die normale Gesellschaft positiv zu beeinflussen und sie auch für ihre übrigen Mitglieder zu einer besseren zu machen? Das sind die Themen für den letzten Teil des Buchs.

Ich habe es ursprünglich in Englisch, also in einer Fremdsprache, verfaßt. Da kommen die Worte nicht wie von selbst; sie müssen vielmehr mühsam erarbeitet werden. Das hat seinen Preis, und so mancher komplexe Zusammenhang wird daher möglicherweise ungebührlich verkürzt. Doch genau wie die Mühe, die das Formulieren kostet, hat auch die Kürze einen Vorteil: Im Ringen um die richtige Formulierung bekommen die Worte eine Art dinglicher Gestalt. Überdies hilft der Kampf mit der Sprache, Distanz zu schaffen gegenüber dem, was dargestellt wird. Und er bringt, wie ich hoffe, Ehrlichkeit in die Darstellung. Was in der Muttersprache viel zu leicht verschleiert werden kann, bleibt nach dem langwierigen Prozeß des Ringens um Worte unverhüllt und angreifbar.

Und eine letzte Bemerkung zur Sprache des Originals: Mein Englisch ist kein richtiges «Oxford-Englisch». Viele von uns, die die englische Sprache benutzen, sind keine Engländer. Warum also so tun als ob? Warum sich an subtilen sprachlichen Normen festklammern, die nicht die unsrigen sind, insbesondere wenn dies häufig zur Verschleierung des Inhalts führt? Die weltweite Benutzung der englischen Sprache ist das Ergebnis einer langen historischen Entwicklung. Ich habe so gehandelt, als hätte England das Eigentumsrecht an seiner Sprache verloren, und habe meinen Anteil an dem allgemeinen Erbe genutzt, weil ich es als passend und im Einklang mit dem Rhythmus meiner Muttersprache empfand.

Das Buch ist zum großen Teil aus einem gemeinschaftlichen Bemühen erwachsen. Fast alle Aspekte, auf die es darin ankommt, habe ich mit den Dorfbewohnern besprochen. Oft waren sie es, die mir zu einem tieferen Verständnis der Dinge verholfen haben. Freilich werden einige von ihnen meiner Interpretation in manchen Punkten nicht zustimmen. Die letzte Verantwortung liegt daher bei mir. Doch in der Mehrzahl der Fälle bin ich nur das Sprachrohr der Menschen, die in den Dörfern leben.

Mein Dank gilt auch den Freunden und Kollegen, die sowohl an manchen der hier geäußerten Gedanken als auch an den verschiedenen Entwürfen des Manuskripts konstruktive Kritik geübt haben. Besonders hilfreich waren Flemming Balvig, Vigdis Christie, Stan Cohen, Liv Finstad, Cecilie Høigård, Ivan Illich, Tom Lockney, Maeve McMahon, Annick Prieur und Anne Sæterdal. Zwei Personen haben ganz speziellen Einfluß auf die Grundgedanken dieses Buchs genommen: Margit Engel, die wichtige Informationen hinsichtlich der Leitbilder und Initiativen, die das Zusammenleben in den Dorfgemeinschaften bestimmen, beigesteuert hat, und Hedda Giertsen, die mit Rat und Tat dazu beigetragen hat, die wesentlichen Bereiche des Gemeinschaftslebens abzustecken.

Astri Horgen hat besondere Hilfe dabei geleistet, das Manuskript in Ordnung zu bringen; sie war es auch, die meine Abweichungen von der englischen Standardsprache auf ein gewisses Maß beschränkt hat. Gleiches tat Ronald Walford in bezug auf die endgültige Fassung des Manuskripts. Der letzte wie der erste Platz aber gebührt all den außergewöhnlichen Menschen, die in den Dörfern leben. Sie sind meine wichtigsten Lehrer gewesen.

Oslo, im Juni 1989 *Nils Christie*

1
Fünf Schauplätze

Janusz Korczak, ein polnischer Jude, war Arzt und Verfasser vieler Kinderbücher. Er leitete das jüdische Waisenhaus in Warschau. Als die Kinder zum Transport in ein Vernichtungslager abgeholt wurden, lehnte er das Angebot, sie zu verlassen, ab und folgte ihnen in den Tod. Im norwegischen *Vidaråsen* hat man eines der Häuser auf einer kleinen Anhöhe nach ihm benannt.

Von den Fenstern dieses Hauses kann man fast das ganze Dorf überblicken. In unmittelbarer Nähe der Dorfmitte befinden sich die Scheune und die Gewächshäuser, ringsum breiten sich die Werkstätten aus. Zum Rand des Dorfes hin sind die Wohnhäuser zu sehen, alle aus Holz, dem üblichen Baustoff in Norwegen.

Bei uns gibt es fünf solcher Dorfgemeinschaften. Vidaråsen ist sozusagen das «Mutterdorf»; es ist zwanzig Jahre alt und liegt im südlichen Teil des Landes, eine halbe Autostunde von Tønsberg entfernt, einer heutigen Provinzstadt, die in der Wikingerzeit einmal eine Großstadt gewesen ist. In Vidaråsen leben 150 Menschen, 12 Kühe und Kälber, ein Pferd, 30 Hühner, 20 Schafe und eine unbekannte Anzahl von Katzen. Während der Winternächte sind dort häufig Elche, Rehe, Hasen und Füchse zu Gast. Vidaråsen besitzt eine Bäckerei, die auch für den Verkauf produziert, eine Zimmerei, eine Töpferei, eine Puppenwerkstatt und eine Holzwerkstatt. Sein Bauernhof und seine zwei Gewächshäuser werden nach der biologisch-dynamischen Wirtschaftsweise geführt. Früher war auch eine Kerzenwerkstatt vorhanden. Was dieser Arbeitsumfang für Konsequenzen vor allem in sozialer Hinsicht hat, werde ich an späterer Stelle erläutern. Der imposanteste Bau in Vidaråsen ist der «Saal», ein großes Gebäude für alle möglichen Gemeinschaftsveranstaltungen wie Vorträge, Theateraufführungen, Dorfversammlungen und Konzerte. In ihm finden dreihundert Personen

Platz. Musiker spielen gerne dort, nicht nur wegen der guten Akustik, sondern auch weil das Publikum gut zuhört. Das Dorf verfügt auch über eine Kapelle und einen Laden mit Cafeteria.

Die Umgebung von Vidaråsen widerspricht den herkömmlichen Vorstellungen davon, was Norwegen bieten sollte. Es gibt dort keine spektakuläre Aussicht und auch keinen See, sondern nur unscheinbare Hügel und einen Bach. Unter diesem Aspekt ist es fast eine Erleichterung, zum nächsten Dorf zwei Autostunden weiter nördlich zu kommen. Es liegt an einem Hang, der einen herrlichen Blick zu den umliegenden Städtchen und Wäldern sowie zu den Bergen fern im Westen bietet. Den Hang hinter dem Dorf weiter hinauf erstreckt sich ein dichter Wald. Hier kann man tagelang wandern, ohne auf eine menschliche Behausung zu stoßen. Das ist die Heimat der Trolle und Elfen – Gestalten der Einbildungskraft aus längst vergangener Zeit. Asbjørnsen und Moe, die norwegischen Entsprechungen der Brüder Grimm, streiften durch diese Wälder, hörten den Einheimischen beim Erzählen zu und schrieben nieder, was sie für veröffentlichungswürdig hielten. Der Name des dort gelegenen Dorfes ist *Solborg/Alm*. In ihm leben 50 Menschen und die übliche Menge an Tieren. Für die wirtschaftliche Produktion spielen der Gemüseanbau und die Metallwerkstatt eine besonders wichtige Rolle. Das Dorf besitzt aber auch eine Weberei und eine Tischlerei, und es unterhält eine Schule und einen Kindergarten für die Kinder in der Umgebung.

Hogganvik liegt an der norwegischen Westküste. Wo der Garten des Dorfes endet, fängt auch schon der Fjord an. Wenn die Sonne scheint, sieht die Gegend wie in einem viel zu schönen Reiseprospekt aus. Aber an den meisten Tagen regnet es. Die feuchten Luftmassen aus England treffen auf die Berge direkt hinter Hogganvik und fallen als saurer Regen auf die 45 Menschen, Kühe und Kälber, die dort leben. Früher war Hogganvik der größte Bauernhof in der Umgebung. Mittlerweile ist das Dorf um ein Haus erweitert, aber es gibt noch immer nicht so viele, wie eigentlich gebraucht werden. Die Westküste Norwegens ist nämlich die Heimat strenggläubiger Menschen, die davon überzeugt sind, daß ihr Glaube an Gott der einzig mögliche ist. Sie sind daher nicht ohne weiteres bereit, das so gänzlich andere Dorf in ihrer Mitte zu akzeptieren. Das führt zu Problemen, die sich konkret darin äußern, daß das Dorf in all seinen Ausdehnungsmöglichkeiten eingeschränkt ist.

Noch weiter nördlich zeigt sich die Situation ganz anders. *Jøssåsen* liegt in umittelbarer Nähe der Berge, 300 m über dem Meeresspiegel, was sehr viel ist, wenn man so weit nach Norden kommt. Dort kann kein Obst mehr wachsen und von den Gemüsesorten nur die widerstandsfähigsten. Hier leben 40 Menschen, die Ackerbau treiben und in den Werkstätten arbeiten. Ihr Dorf ist in der Gegend herzlich aufgenommen. Die Gemeinden dort kämpfen nämlich gegen die Entvölkerung ihres Gebiets, und das Dorf bedeutet für sie neue Lebenskraft. In Norwegen nimmt das Maß an Spontaneität zu, je weiter nördlich man gelangt – im Gegensatz etwa zu Italien.

Vallersund ist das letzte Mitglied der fünfköpfigen Familie. Es liegt weit draußen auf einer Halbinsel in der Nordsee und war einmal ein Hafen für die Fischerboote, die jeden Winter nach Norden zogen, um Kabeljau zu fangen. Es war auch Stützpunkt für den lebenswichtigen Handel mit den russischen Booten: Fisch aus Norwegen gegen Getreide aus Rußland. Das größte Gebäude im Dorf stammt aus dem Beginn des 18. Jahrhunderts; kurz danach sind ein kleines Lagerhaus und ein Getreidesilo entstanden, der den Vorrat für finstere Zeiten ohne Fisch oder für Kriegs- und Blockadejahre enthielt. Das Dorf ist aber auch um neue Häuser erweitert worden. Hoch oben dreht sich eine Windmühle, die höchste in Norwegen. Sie produziert so viel Strom, daß der Überschuß an die kommunalen Elektrizitätswerke verkauft werden kann.

Heute leben 30 Personen in Vallersund. Die dortigen Werkstätten haben noch keinen sehr hohen Stand; die baulichen Aktivitäten haben bislang die meiste Energie verschlungen. Neben der Landwirtschaft stellt die Fischerei natürlich ein wichtiges Betätigungsfeld dar. Und mit der Austernzucht hat man gerade begonnen.

Bald werden wir mehr über die hier genannten Dörfer erfahren. Doch zunächst wollen wir ein wenig näher zu jenen rücken, die dort leben.

2
Die Dorfbewohner

Mahlzeiten sind selten ausschließlich für die Nahrungsaufnahme da; sie sind ein Ausdruck der Gemeinsamkeit. Wenn mehrere Menschen unter einem Dach zusammenleben, wird das gemeinsame Essen zu einer Arena des gesellschaftlichen Lebens. Da werden Neuigkeiten ausgetauscht und – durch eine liebevolle Berührung oder ein zorniges Wort – Gefühle gezeigt. Mahlzeiten sind Gelegenheiten; zum Beispiel dazu, sich den anderen genau so zu zeigen, wie man hofft, in ihrer Wahrnehmung zu sein.

Dieser Drang zur Selbstdarstellung verstärkt sich häufig dadurch, daß Gäste mit am Tisch sitzen. Da in ihren Köpfen keine festgefahrenen Vorstellungen bezüglich der Anwesenden stecken, können sich die Angestammten am Tisch so präsentieren, wie sie am liebsten gesehen werden möchten.

In einem Dorf hatte ich einmal Probleme mit einem Hausbewohner, der eine laute Stimme hatte und ständig davon Gebrauch machte. Er hatte sozusagen das Monopol für den Ton inne; die Konkurrenz kam nicht zu Wort. Wenn Gäste da waren, bestärkte ihn das noch in dem, was er von sich gab. Denn sie hörten ihm meist gerne zu, nickten beifällig und ermunterten ihn weiterzuerzählen, und zwar nicht nur die Geschichten A und B, sondern auch C und D. Für diese Ermunterung wären die übrigen Mitglieder der Hausgemeinschaft den Gästen manchmal am liebsten an den Kragen gegangen. Viele von ihnen hätten auch etwas beitragen können, hätten vielleicht sogar etwas Neues zum besten gegeben, ohne sich allzu sehr zu produzieren. Außerdem waren ihnen die Geschichten A, B, C und D bis ins kleinste Detail bekannt, weil sie jedesmal genau gleich erzählt wurden. Es gab zwar nur diese vier Geschichten und nicht mehr, doch sie nahmen die gesamte Essenszeit in Anspruch, wenn der Redestrom nicht am Ende von B oder C abrupt unterbrochen wurde.

Als ans Tageslicht kam, was es mit diesen Geschichten auf sich hatte, war es nicht mehr ganz so schlimm, sie zu ertragen. Der Geschichtenerzähler war und ist ein stämmiger Mann, der den Anschein von Selbstvertrauen erweckt. Schon durch seine Körperhaltung beschreibt er sich selbst: stark und fleißig, jemand, der gute Arbeit leistet, die dritte Generation im selben Handwerk, eine Säule des Dorflebens, ein vertrauenswürdiger Mensch. Dieser körperliche Selbstausdruck entspricht genau den Tatsachen. Der unermüdliche Geschichtenerzähler ist nämlich eine der Schlüsselfiguren im Dorf.

Doch er hat ein Problem. Er kann nicht lesen. Er kann nicht schreiben. Er kann an keiner gewöhnlichen Unterhaltung teilnehmen. Wenn er den Versuch dazu macht, endet das immer mit einem Fiasko. Aber gerade er – und das steht in krassem Gegensatz zu den meisten im Dorf – legt großen Wert darauf, so wie alle anderen zu sein, zum Beispiel wie sein Bruder oder seine Schwester, die keinen Besuch von besagtem Geschichtenerzähler im Dorf haben möchte, weil es ihr peinlich ist. Der Mann mit dem Alleinanspruch auf den Ton weiß das nur zu genau; er kennt die allgemeinen Ideale; er weiß, daß er ein Versager ist, und er weiß auch, was seine Schwester denkt. Die Hauptsache ist, normal zu sein.

Plötzlich sind die Gäste da. Der Geschichtenerzähler präsentiert sich von A bis D als jemand, der wie alle anderen ist. Auf dem geschilderten Hintergrund stellt sich sein ununterbrochener Redestrom als Teil einer einzigen großen Vertuschung dar. Seltsam? Typisch für einen Behinderten? Begleiten Sie mich auf einen Ausflug nach Israel, und ich will versuchen, eine Antwort darauf zu geben.

Es ist ein heißer Tag in Jerusalem. Die Luft flimmert um die Universitätsgebäude auf dem Berg. Ich bin spät dran; ich soll meinen Freund da oben treffen und muß einen Bus nehmen, um rechtzeitig zu kommen. Skopusberg heißt die Universität von Jerusalem, aber wie sieht das Wort auf Hebräisch aus? Ich wage eine fremde Dame zu fragen. Das ist zwar ein Sieg, aber die Niederlage folgt auf dem Fuß. Ich verstehe sie falsch und höre, wie sie hinter mir herruft, als sich die Bustüren schließen. Ich muß in einen anderen Bus umsteigen, und vor Scham steht mir der Schweiß auf der Stirn. Endlich taucht die Universität vor mir auf, aber da erwartet mich auch schon die nächste schwere Prüfung: eine lange Reihe von Bürotüren. Wieder nur hebräische Zeichen. Man braucht ein perfektes Gedächtnis, wenn man als Analphabet unterwegs ist. Welche Tür führt bloß in das Büro meines Freundes? War es nicht die fünfte Tür auf der linken Seite, gegenüber vom Feuerlöscher? Ich bin mir nicht sicher; ich weiß nur, daß neben meinem Freund ein Mann residiert, dem ich heute nicht begegnen möchte. Die hebräischen Zeichen sind groß und wunderschön. Ich muß handeln. Versuche also Tür Nummer 5. Pech – vor mir steht genau der, dem ich nicht begegnen will. Nächste Tür. Wieder Pech – mein Freund ist nicht mehr da. Ich suche Trost in der Cafeteria. Wie üblich verstehe ich weder die Speise- noch die Getränkekarte; ich bitte um etwas Unbekanntes, bezahle mit einem großen Schein, um einem Schwall von Worten zu entgehen, der vermutlich bedeutet, daß ich mehr bezahlen muß. Ein alter Trick von Touristen und anderen, die irgendwie behindert sind. Wenn einem die Worte fehlen, muß man eben schlau sein. Dennoch ist der Kassierer sauer. Ich gehe zu Fuß in die Stadt, um nicht noch einmal nach dem richtigen Bus fragen zu müssen. Ziehe in Betracht, einen Umweg zur Klagemauer zu machen, aber der Weg ist eigentlich bei der Hitze zu weit. Ich beschwere mich statt dessen ins Blaue hinein, weil ich mich in eine Welt verirrt habe, in der ich nicht lesen, nicht schreiben, ja nicht einmal zu den meisten Menschen ringsum sprechen kann. Endlich bin ich wieder vor meiner eigenen Tür angelangt. Mit dem Zimmermann, der gerade im Hof arbeitet, führe ich ein kurzes Gespräch – mit Händen und Füßen, versteht sich. Ein angenehmer Mensch, denke ich. Ich schließe die Tür auf. Endlich in Sicherheit. Schaue mich selbst im Spiegel an. Gut, jemanden zu sehen, der mich kennt. Der weiß, daß ich ganz normal bin.

2.3 Mit sich selbst im reinen sein

Verschleierungstaktiken pflegen an den Kräften zu zehren, und zwar nicht nur an den Kräften desjenigen, der sie praktiziert, sondern gelegentlich auch an denen seiner Umwelt. Selbstsichere Menschen sind solche, bei denen Schein und Sein im großen und ganzen übereinstimmen. So tat es einmal wohl, von folgendem Telefongespräch zu hören, das sich im Dorf ereignet hat. Der junge Mann am Telefon wollte wissen, wann der Bus fährt. Die Antwort am anderen Ende wurde ihm zu kompliziert, daher rief er aus: «Also, nun mal langsam. Ich bin nämlich geistig behindert, wissen Sie!»

Anna ist ein anderes Beispiel. Wir hatten beide einen Streit, und in der Aufregung entfuhr es mir: «Bist du blöd?» Da konterte Anna rasch: «Deswegen bin ich ja hier.»

Oder Helge. Wenn er durchs Dorf läuft, trägt er meist eine kleine Aktenmappe unter dem Arm. Darin hat er einen Notizblock, auf dem er häufig seitenweise schreibt. Bei großen Anlässen pflegt Helge fast immer eine Rede zu halten. Was er sagt, ist kurz, präzise, voller Wärme und oft witzig. Wenn er spricht, wird das immer richtig gefeiert und heftig beklatscht – ein Beifall aus Dankbarkeit und Freude. Es gibt nur ein einziges Problem mit seinen Reden: Sie sind fast gänzlich ohne Worte. Im direkten Gespräch mit Helge kann man aus dem, was er äußert, einzelne Wörter heraushören, aber bei seinen Reden anläßlich irgendwelcher Feiern geht das nicht. Sie haben einen wunderschönen Rhythmus und eine perfekte Form; ihr Ton ist entschieden und doch melodiös. Auch das, was Helge schreibt, hat eine klare Form, aber keine Buchstaben oder Worte. Die Äußerungen kommen direkt aus seinem Herzen, und sie finden ebenso unmittelbar den Weg zu den Herzen der andern. Die Dorfbewohner hören ihm gerne zu und verstehen wichtige Teile seiner Botschaft. Was Helge sagt, kommt mit wenigen Worten aus und hat doch viel Gehalt. Meist ist es im Leben genau anders herum.

2.4   Zwei namens Leif im selben Dorf

Sie wohnen im selben Haus und teilen dasselbe Zimmer. Die Sache wäre einfacher, wenn sie auch denselben Körper bewohnten.

Leif 1 ist ein robuster, unverzagter, tatkräftiger Mann. Man könnte ihn einen Weltverbesserer nennen, wenn nicht so vieles von dem, was er tut, schiefgehen würde. Leif 1 läuft, spricht und handelt genau wie jene resoluten Geschäftsleute, die die moderne Welt beherrschen. Er redet ständig, ist mit allen möglichen Problemen im Dorf befaßt, ergreift während jeder Dorfversammlung das Wort und regt Reformen an.

Leif 2 dagegen ist schüchtern und hat eine leise Stimme. Er hat die Aufgabe, die Dorfglocke zu läuten. Darin ist er absolut verläßlich. Die Glocke läutet genau dann, wenn man es erwartet, und genau so, wie man es erwartet. Ihr Läuten klingt gut. Wenn Leif nicht da ist, liegt nicht die gleiche Musik in der Luft von Vidaråsen. Seine Arbeit rund um das Gewächshaus erledigt er still, nicht sehr schnell, aber mehr als zufriedenstellend. Er unterhält sich gern, ergreift aber während der Dorfversammlungen nie das Wort.

Neulich schlug Leif 1 Leif 2 mit einer Flasche. Er traf ihn im Gesicht und flüchtete dann aus dem Zimmer. Ich kam wenige Augenblicke später dazu und fand Leif 2, der auf einem Sofa ausgestreckt lag. Die Verletzung sah schlimm aus, jedenfalls aus meiner Sicht, da ich bislang noch nicht bemerkt hatte, daß seine Augen immer unkoordiniert blickten. Aber binnen weniger Minuten war er wieder auf den Beinen und wurde von allen herzlich begrüßt.

Der Zusammenstoß fand in der Cafeteria statt. Sie ist zweimal in der Woche Arena des gesellschaftlichen Lebens, aber Prügeleien haben dort noch nie stattgefunden, soviel ich weiß. Die Anwendung körperlicher Gewalt kommt in Vidaråsen genauso selten wie im übrigen Norwegen vor. Wenn etwas Derartiges geschieht, dann ist der Schock groß. Die Dorfbewohner waren bei dem betreffenden Vorfall völlig verstört. Ein Mann wie Leif 1 könne doch nicht im Dorf bleiben, hieß es. Zumindest solle er Hausverbot in der Cafeteria bekommen und eine strenge Strafe erhalten. Thor versprach, die notwendigen Schritte am nächsten Tag zu veranlassen. Ich schaltete mich ein und äußerte die Vermutung, daß sich der Missetäter möglicherweise allein durch seine Tat schon selbst genug bestraft hätte. Thor stimmte zu; doch als wir gerade den Raum verlassen wollten, bekräftigte er vor einem anderen Kreis von Leuten erneut seine Drohung.

Warum war das Unglück geschehen?

Vielleicht werden wir eines Tages eine tiefgründigere Antwort darauf finden. Oberflächlich betrachtet erscheint die Sache eigentlich recht einfach: Die Hauseltern waren fort. Immer wenn sie nicht da sind, verliert Leif 1 die Beherrschung. Es grenzt fast an ein Naturgesetz: Beim ersten Mal hat er die Stromleitung zum Haus gekappt, beim zweiten Mal die Telefonleitung durchtrennt, danach die Gasleitung, und jetzt war der Angriff mit der Flasche geschehen.

Am darauffolgenden Morgen begegnete ich Leif 1 schon früh. Thor, der am Abend zuvor geschworen hatte, ihn zu bestrafen, versprach nun im Flüsterton, sich nicht einzumischen. Vielleicht spürte er, daß er Leif nicht mehr quälen konnte, als dieser es selbst tat. Andauernd murmelte er vor sich hin: «Das hätte ich nicht tun dürfen, das hätte ich nicht tun dürfen.» Ich fürchte, er hat nicht einmal die Morgenglocke gehört, die so rein und voll tönte wie eh und je.

Karen ist wie ein Knäuel fest in sich verknotet. Auf meinem Weg zum Feld und wieder zurück komme ich oft an ihr vorbei. In sich zusammengekrümmt sitzt sie auf der Eingangsstufe des Bauernhauses, beugt sich nach vorn über, so daß ihr Körper fast einen Kreis bildet, und beißt auf ihrem rechten Handrücken herum. Wie ihr Körper ist auch ihr Gesicht verzerrt – meist zu einer grotesken Grimasse. Es wirkt fast immer traurig. In seltenen Augenblicken zeigt sich aber auch ein schüchternes «Hallo», ja sogar ein Lächeln.

Karen wohnt in einem Haus ganz in der Nähe. Da ihre Hauseltern an diesem Wochenende fort sind, ist Karen bei uns.

Der Abend endete mit einem großen Knall. Wir waren alle im Wohnzimmer und diskutierten die verschiedenen Möglichkeiten, den Raum umzugestalten. Diskussionen enthalten nun einmal Zündstoff für Konflikte. Karen verschwand von der Bildfläche.

Am Morgen hatte sich nichts geändert. Im ersten Stock wurden die üblichen Hausarbeiten verrichtet. Im zweiten Stock arbeitete ein Gast von mir an einem Manuskript und hämmerte rhythmisch auf der Schreibmaschine. Es herrschten Friede und Emsigkeit, bis ein anderer großer Knall das Haus erschütterte. Karen war wie wild. Sie rannte von Tür zu Tür und machte möglichst viel Lärm. Das Haus erhielt eine gehörige Strafe. Karens Hände, ja ihr gesamter Körper waren verkrampft. Ich hielt sie fest, ohne zu wissen, ob sie es mochte oder nicht. Langsam löste sich aber ihr Klammergriff. Wir, oder vielmehr ich, sprachen über alle möglichen unbedeutenden Dinge, über die kleinen Vögel, die sich draußen in der Kiefer auf den Winter vorbereiteten, über die Leute im Haus, die Pläne für diesen Tag.

Schließlich brach aus Karen die Frage hervor, die auf die Ursache von allem zielte: «Wer ist da oben so böse, wer trampelt da so auf dem Boden herum?» Ihre Hand verkrampfte sich erneut. «Wer trampelt da so auf meinem Kopf herum?»

Ja, wer?

Indem ich auf Karens Ängste einging, entdeckte ich deren Grund. Ich hörte plötzlich die Schreibmaschine meines Gastes, ein fernes Donnergrollen in unserem Haus aus Holz. Für mich war sie ein Zeichen der Kreativität gewesen, für Karen dagegen ein Warnsignal äußerster Gefahr.

Ich erklärte ihr alles, und die Gefahr war gebannt.

2.6   Der Läufer

Die meisten Menschen im Dorf sind ein bißchen langsam, was ihre körperlichen Bewegungen anbelangt. Es kommt nicht häufig vor, daß man jemanden schnell herumlaufen sieht. Manche Kinder tun das zwar, doch die Erwachsenen pflegen eigentlich eher zu schreiten – «skride», wie es auf Norwegisch heißt. Gründe gibt es dafür vermutlich zwei. Dorfgemeinschaften sind Orte der Besinnlichkeit, und es fällt nun einmal schwer, Besinnung und rasches Laufen miteinander zu verbinden. Außerdem sind viele der Dorfbewohner von Natur aus langsam, häufig sind sie körperbehindert. Sie bestimmen daher das allgemeine Tempo. Es ist also genau so, wie es sein soll.

Nur Z hat sich nicht daran gehalten. Wenige Tage nach seiner Ankunft hatte er bereits die gesamte Gegend erkundet. Er kannte jeden Winkel, fast alle Häuser, auch von innen, und fast alle Bewohner, diese aber weniger von innen. Er war dauernd auf Achse.

Für die Kinder der Dorfbewohner war Z ein Geschenk des Himmels, und sie waren es für ihn. Endlich einmal ein Schnelläufer, ein erwachsener Mann, der Tempo hatte (er war dreiundzwanzig Jahre alt, erzählte mir aber einmal, daß er sich wie dreizehn fühlte), eine Traumfigur aus der Welt außerhalb, ein Spielgefährte und doch ganz anders, als Spielgefährten üblicherweise sind. Unmittelbar nach seiner Ankunft balgte Z schon mit einer Gruppe kleiner Kinder auf dem Rasen herum; sie bildeten einen einzigen unentwirrbaren Haufen.

Instinktiv traten wir dazwischen. Die Kleinen – aber nicht nur sie, sondern auch Z selbst – waren zu aufgedreht. Wir erzählten ihnen, daß sie aufhören müßten, um Z ein wenig Ruhe und Erholung zu gönnen. Und Z sagten wir, daß es an ihm läge, die Grenze zu ziehen; schließlich sei er erwachsen und müsse sich daher auch den Erwachsenen zuwenden. Aber es war schier aussichtslos. Die Kinder jagten hinter ihm her, und er jagte sie. Sie konnten nur durch strenge Befehle auseinandergebracht werden.

Ein paar Tage später erfuhren wir, daß Z kurz zuvor der Unzucht mit Kindern angeklagt worden war. Er war im nahegelegenen Gefängnis in Untersuchungshaft gewesen. Ein Sozialarbeiter hatte aber gemeint, Vidaråsen sei vielleicht ein geeigneterer Ort für ihn.

In seinen Heimatort konnte Z nicht zurückkehren. Ganz Norwegen war moralisch aufgebracht, weil dort ein kleines Mädchen sexuell mißbraucht und ermordet worden war. Der Straffällige hatte auch früher schon unsittliche Handlungen vorgenommen. Ein Sturm der Entrüstung tobte über das gesamte Land. Überall – und natürlich auch in Vidaråsen. Daher muß Z sich wohl gewundert haben, als er kurz nach seiner Ankunft von einer der Mütter im Dorf zum Essen eingeladen wurde. Am Abend zuvor hatte er sich hinter dem Schrank im Schlafzimmer ihrer Kinder versteckt. Der trockene Kommentar der Mutter lautete, daß auch sie, nicht nur die Kinder, den neuen Dorfbewohner kennenlernen müßte.

Wir entschieden, seinen abendlichen Spaziergängen ein Ende zu setzen. Trotz seiner lautstarken, an Meuterei grenzenden Proteste zwangen wir Z, entweder abends im Haus zu bleiben oder Begleitung zu akzeptieren, wenn er doch irgendwo hingehen mußte. Vier Tage oder vielmehr Nächte lang funktionierte das. Am fünften Abend wurde Z in der Cafeteria erwischt, als er gerade die Kasse aufbrach.

Der darauffolgende Tag war sein Geburtstag. Man hatte ihm versprochen, daß er für einen kurzen Besuch nach Hause gehen dürfte. Seine Mutter hatte einen Kuchen gebacken, und seine Großeltern wollten zu Besuch kommen. Doch wir fuhren ihn nun zum Gefängnis mit der Maßgabe, daß sowohl er als auch wir Zeit zum Nachdenken bräuchten. Bei diesen Worten sank er völlig in sich

zusammen. Wir führten unser Vorhaben aus. Der Zugang zur Dorfgemeinschaft war als Alternative zur Haft gedacht gewesen; Z war
der einzige mit einem solchen Status. Es stand uns also frei, ihn zur
Haftanstalt zurückzubringen. Zwei Wochen danach wurde er aber
wieder im Dorf aufgenommen.

Seit kurzem hat sich sein Tempo verlangsamt. Zwei Deutungen
kommen dafür in Betracht: Entweder haben wir ihn abgerichtet,
gezähmt und zu einem von diesen langsamen und langweiligen
Erwachsenen gemacht, oder aber er braucht nicht mehr herumzu-
rennen, weil er sich selbst zu einem erwachsenen Mann entwickelt
hat.

Es trifft sich, daß Z geschickt mit seinen Händen ist. Er kann
zum Beispiel gut Fahrräder reparieren. Es trifft sich auch, daß das
Dorf über Dutzende kaputter Fahrräder verfügt. Z kann also Wunder wirken. Wir sehen ihm zu. Ein Fahrrad nach dem andern ver-
wandelt sich vom Wrack zum fahrbaren Untersatz. Z hat keinen
seiner früheren triftigen Gründe mehr, wie ein Tier im Käfig herumzulaufen. So oft halten ihn die Leute an und fragen ihn um Rat.

Das bedeutet aber nicht, daß das Leben für Z oder mit ihm leicht
geworden sei. Er ist eigentlich kein Mensch, den man gernhaben
kann; er ist meist auf anstößige Weise schmutzig, lümmelt am Tisch
herum, anstatt ordentlich auf seinem Stuhl zu sitzen, ist nahezu
stumm während der Mahlzeiten und deutet wortlos auf die Schüs-
seln, die er möchte, anstatt danach zu fragen.

Einerseits wahr, andererseits unwahr.

Denn allmählich nimmt sein Gesicht einen neuen Ausdruck an.
Zum Beispiel ein stolzes Grinsen, wenn er Käse auf sein Butterbrot
gelegt hat. Er weiß nämlich, daß manche von uns der Überzeugung
sind, der Körper benötige zusätzlich zu Zucker, Marmelade und
Sirup einige Aufbaustoffe. Und dann seine Gespanntheit, wenn er
zuhört, wie aus Michael Endes Buch *Die unendliche Geschichte* vorgelesen wird.

Als Z wieder im Dorf eintraf, schätzte ich, daß er vier Tage bleiben würde. Jetzt sind schon fünf Wochen vergangen. An diesem
Wochenende ist er bei seinen Eltern. Einerseits gut, andererseits

schlecht. Auf der einen Seite ist es erleichternd, sich nicht andauernd mit den kleinen Dramen auseinandersetzen zu müssen, die er inszeniert. Auf der anderen Seite ist das Leben irgendwie unwirklich, wenn Z nicht da ist. Es fehlt die Herausforderung. Ein Löffel voll Z jeden Tag hält uns die Irrealität vom Leib.

Postskriptum: Die Zeit, die Z im Dorf verbracht hat, betrug mehrere Monate. Seine neugewonnenen Interessen erwiesen sich als dauerhaft, und er wagte sich in die Nähe von Mädchen und Erwachsenen. Bald aber wurde er zu dreist, ließ sich mit zu vielen Mädchen auf einmal ein. Einige fanden Einzelheiten aus seinem Vorleben heraus. Der Umzug in ein anderes Dorf rettete ihn zunächst. Dort betätigte er sich eine Zeitlang als äußerst verläßlicher Helfer auf dem Bauernhof. Dann wurden plötzlich mehrere der umliegenden Sommerhäuser geplündert. Jetzt ist Z wieder in Haft. Es gibt Grenzen für das, was die Dörfer verkraften können und wollen. Aber wir hoffen, daß ein drittes Dorf ihn bei seiner Haftentlassung aufnehmen wird.

2.7 Jene, die zurechtzukommen scheinen

Außerhalb der Dorfgemeinschaft wären recht viele ihrer Mitglieder in erheblichen Schwierigkeiten. Sie sind anders als die meisten von uns, können möglicherweise nicht lesen, sprechen oder ihren Lebensunterhalt verdienen. Die Alternative zum Leben in der Dorfgemeinschaft heißt für sie oft irgendeine Art von Institution oder ein Dasein in extremer Isolation – und das lebenslänglich.

Die Mehrheit der Dorfbewohner aber scheint einer anderen Gruppe anzugehören. Die behutsame Formulierung «scheint» ist mit Bedacht gewählt. Die meisten von ihnen waren in der Lage, allein fertigzuwerden, bevor sie ins Dorf gekommen sind; und die wenigen, die das Dorf wieder verlassen, werden nach ihrem Weggang im normalen Leben zurechtkommen – so recht und schlecht wie wir alle. Aber was heißt das eigentlich, im normalen Leben zurechtzukommen? Hat es etwas damit zu tun, ob man in einem

Heim lebt oder nicht? Hat es etwas mit dem Grad der Zufriedenheit zu tun, mit dem Gefühl der Selbstverwirklichung, dem Bewußtsein, ein sinnerfülltes Leben zu führen, und dem Wissen, daß dieses Leben genau den eigenen Vorstellungen entspricht?

Die meisten Dorfbewohner waren in ihrer Vergangenheit fähig, allein zurechtzukommen. Einige hatten jedoch große Probleme; andere haben einen wechselvollen Weg, eine rastlose innere und äußere Wanderschaft hinter sich. Wieder andere haben Drogen konsumiert, und manche sind durch tragische Umstände schwer gezeichnet.

Ausländer sind in den Dörfern recht stark vertreten. Meist handelt es sich bei ihnen um junge Menschen, die mit dem Ziel der Selbstfindung ein oder zwei Jahre ins Ausland gehen. Häufig kennen sie diese Art von Dörfern aus ihren Heimatländern. Einige von ihnen kommen aber auch, um für immer zu bleiben. Sie sind meist in vergleichbaren Dörfern des Auslands aufgewachsen. Für das Leben im Dorf ist es eine gute Sache, daß so viele Bewohner keine Einheimischen sind. Das Netzwerk ihrer sozialen Beziehungen ist nach außen hin nicht so stark entwickelt. Daher wird ihr soziales Engagement nach innen, in das Dorf selbst, gelenkt. Wenn sie zum Beispiel die Umgebung erkunden, tun sie dies meist zusammen mit anderen, die im Dorf leben. So ist niemand mit seiner Beeinträchtigung allein.

Ich habe häufig Freunde oder manchmal auch Studentengruppen in die Dörfer mitgebracht. Gewöhnlich erzähle ich ihnen vorher nicht, wem sie dort begegnen werden. Es ist besser, wenn sich Menschen unvoreingenommen begegnen. Die Besucher werden von den Dorfbewohnern direkt empfangen, verteilen sich über das gesamte Dorf, sind in irgendwelchen Häusern zu Gast und kommen bei einer Tasse Kaffee mit den Gastgebern ins Gespräch.

Hinterher taucht aber unweigerlich die Frage auf: «Wer ist denn wer?» Das Mädchen in dem gelben Kleid, der große Mann, der, der kein Wort gesagt hat? Hinter solchen Fragen steht meist der Wunsch, zu erfahren, wer die normalen oder wichtigeren und wer die nicht so normalen gewesen sind.

Ganz früher habe ich mich bereitwillig als Komplize betätigt. Ich beantwortete die Fragen gewissenhaft, indem ich die Dorfbewohner erst vor meinem geistigen Auge in einer Reihe antreten ließ, um sie einordnen zu können, und dann erläuterte, wer von ihnen geistig zurückgeblieben, wer geistesgestört, wer lediglich sonderbar und wer vielleicht sogar außergewöhnlich normal ist. Doch im Laufe der Jahre ist das Interesse an einem derartigen Verfahren geschwunden. Wenn man andere Menschen in allen möglichen Lebenssituationen kennenlernt, wird es zunehmend schwieriger, sie simplen Kategorien zuzuordnen. Menschen, die wir nur in sehr beschränktem Maße kennen, lassen sich leichter als verrückt oder zurückgeblieben, als Drogenkonsumenten oder Kriminelle bezeichnen; und die Erfordernisse der Behörden zwingen uns oft solche Klassifizierungen auf. Das ist unter anderem der Preis, den die soziale Ausschließung und Unterbringung in Heimen kostet. Je besser wir aber unsere Mitmenschen in verschiedenen Situationen kennenlernen, desto untauglicher werden solche Etikettierungen. Irgendein Junge in unserem Viertel kann mit dem Etikett «Krimineller» versehen werden, aber nicht mein eigener Junge. Ich weiß zuviel über ihn und seine Geschichte, ich kenne seine Großzügigkeit, seine Unbeherrschtheit und seinen unrealistischen Optimismus – und all dies zusammengenommen hat ihn möglicherweise etwas «borgen» lassen, ohne zu fragen, also genau das tun lassen, was die Gesetzgebung Diebstahl nennt. Er mag zwar gestohlen haben, doch für die, die ihn gut kennen, ist er kein Dieb. Klassifikationen werden schnell zu kleinen Gefängnissen; sie haben genau abgesteckte, starre Grenzen und werden eigentlich niemandem gerecht. Je mehr wir jemanden kennen, desto weniger nützlich und desto gefährlicher sind sie. Klassifizierungen bleiben nämlich haften. Derjenige, der solchen Einflüssen durch seine Umwelt ausgesetzt ist, übernimmt möglicherweise die Rolle, die man ihm zugeteilt hat, und wird zu dem, was die Aufschrift seines Etiketts besagt.

Die Einsicht in diese Gefahr spiegelt sich in der Satzung der Dörfer. Dort heißt es:

«Zweck der Dörfer ist es, Formen des Zusammenlebens zu schaffen, die sowohl dem einzelnen als auch der Gemeinschaft förderlich sind. In ihnen leben Menschen, die unterschiedliche Fähigkeiten und unterschiedliche Beeinträchtigungen haben, und sie alle sollen in ihrer Verschiedenheit und ihren unverwechselbaren Eigenschaften die Möglichkeit erhalten, am Gemeinschaftsleben teilzuhaben. Begriffe wie ‹Patienten› oder ‹Betreuungspersonal› sind hinfällig.»

So stimmt es also nicht nur mit den Erfahrungen, die man während eines Aufenthalts in den Dörfern macht, sondern auch mit ihren Grundprinzipien überein, daß das vorliegende Kapitel weder eine Aufzählung sämtlicher Kategorien von Menschen noch eine Übersicht über deren zahlenmäßige Verteilung in den einzelnen Dörfern enthält.

Trotz allem hat es sich aber nicht gänzlich verhindern lassen, daß bestimmte Unterscheidungen in begrenztem Umfang Eingang in die Dörfer gefunden haben. Von ihnen wird jedoch nur sehr widerstrebend Gebrauch gemacht. Die am häufigsten anzutreffende Unterscheidung ist die zwischen *Dorfbewohnern* und *Mitarbeitern*. Dorfbewohner, das sind im allgemeinen diejenigen, die nicht allein für sich sorgen können. Die meisten von ihnen bekommen eine Art Rente vom Staat. Bei den Mitarbeitern handelt es sich dagegen um diejenigen, die angeblich allein zurechtkommen können. Ein weiterer Unterschied besteht zwischen denjenigen mit und denjenigen ohne Bankkonto. Dem Gesetz nach sind Personen, die eine Erwerbsunfähigkeitsentschädigung erhalten, dazu verpflichtet, einen gewissen Anteil davon für ihren persönlichen Bedarf zu sparen. Daher verfügen eigentlich alle Dorfbewohner über ein wenig Geld auf der Bank, während die Mitarbeiter nicht unbedingt private Mittel besitzen.

Die genannten Unterschiede sind jedoch nicht nur unscharf, sondern auch unlogisch. Sie stellen daher eine ständige Quelle der Enttäuschung und Verwirrung dar. Alle, die in den Dörfern leben, sind Dorfbewohner – unabhängig von ihrer Fähigkeit, ein Leben außerhalb zu führen. Und alle sind Mitarbeiter. Die in den Dörfern gültigen Leitbilder des Zusammenlebens betonen die Gleichheit aller in Status und Funktion, nicht ihre Ungleichheit.

Doch solange die Dorfgemeinschaften in einer Gesellschaft wie der unsrigen funktionieren, bleiben derartige Differenzierungen trotz ihrer Unschärfe und Unlogik nicht aus. Autos müssen gefahren werden, auch wenn das nicht jeder kann. Telefone sind zur Benutzung da, auch wenn es einige gibt, die nicht damit umgehen können. Überall wird Geld ausgegeben, und einige tun sich damit leichter als andere. Manche müssen monatelang Puppen mit Holzwolle ausstopfen, manche die Kühe striegeln, andere die Glocke läuten und wieder andere Briefe schreiben. Die Dörfer investieren sehr viel Energie, um die Technik auf einem Stand zu halten, der den meisten ihrer Bewohner angemessen ist. Aber es ist unmöglich, sämtliche Errungenschaften abzuschaffen, und so übertragen sich die in der übrigen Gesellschaft geltenden Ansprüche auch auf die Dorfgemeinschaften. Unabhängig vom Prinzip der Gleichheit halten ein paar wesentliche Unterschiede unaufhaltsam Einzug. Die Tendenz, in Kategorien zu denken, lebt wieder auf. So gibt es also den Unterschied zwischen Dorfbewohnern und Mitarbeitern oder zwischen denen, die Geld haben, und jenen, die keines haben. Zuerst sind die Bedingungen da, dann erst folgen die Begriffe. Dennoch verfügen die Dorfgemeinschaften über eine geringere Anzahl von Gegensätzen als jedes andere mir bekannte Gesellschaftssystem. Hinzu kommt, daß die dort anzutreffenden Unterscheidungen immer bedeutungsloser werden, je länger man sich in einem der Dörfer aufhält. Das oft zitierte Ideal besteht darin, Dorfbewohner zu werden. Daß alle zu Dorfbewohnern werden.

Mit der Feststellung, daß die Dörfer eine Organisationsform haben, die die üblichen diagnostischen Klassifizierungen überwindet, und daß dieser Zustand bewußt als Wunschvorstellung in ihrer Satzung verankert ist, haben wir nun den ersten Schritt zu einem allgemeineren Verständnis des Problems unternommen, was für ein Phänomen diese Dörfer denn eigentlich darstellen. Wir haben jetzt die Möglichkeit, sie auf der soziologischen Weltkarte einzutragen.

Auf dieser Karte gibt es zwei Kontinente. Einer davon umfaßt die Menschen mit ihren Beziehungen untereinander. Er hat etwas mit Zusammenleben, mit wechselseitiger Abhängigkeit, mit Gemeinschaften und Gesellschaftsformen zu tun. Oft geht es bei ihm um Nuancen und nicht um Kontraste, um ständige Veränderungen und nicht um Stabilität, und bei ihm haben auch Zweifel und Mehrdeutigkeit ihren Platz. Dieser Kontinent eignet sich kaum dazu, zahlenmäßig, also statistisch, erfaßt zu werden.

Der andere Kontinent auf der soziologischen Weltkarte enthält nicht Gruppierungen, sondern Klassen; seine Haupttugenden bestehen in seiner Transparenz und Interpretierbarkeit. Daher ist er für die Statistik geeignet. Statistische Erfassungen sind aber nicht nur reines Zahlenwerk, sondern auch ein Denksystem. Sie setzen einerseits eine bestimmte Denkweise voraus und wirken sich andererseits auf das Denken aus. Die Statistiken beschreiben nicht nur, was als Erscheinung bereits existiert, sondern tragen aktiv zur Schaffung neuer Erscheinungen bei. Dabei müssen die Phänomene bestimmten Kategorien zugeordnet werden, um sie zahlenmäßig erfassen zu können. Wenn sie in Kategorien eingeteilt und damit voneinander getrennt sind, verfügen sie über eine Ordnung, die Organisationen größeren Umfangs, also etwa Institutionen oder dem Staat, zweckdienlich ist (vgl. dazu Dag Østerberg, *Fortolkende sosiologi*, Oslo 1986, S. 87-96, und *Metasociology: An Inquiry into the Origins and Validity of Social Thought*, Oslo 1988, S.18-44).

Das vorliegende Kapitel befaßt sich jedoch mit dem Leben auf dem ersten sozialen Kontinent. In den Camphill-Dörfern – denn um solche handelt es sich – sind wir einem Zusammenschluß von Menschen begegnet, die nur schwer klassifizierbar sind, einem System, das auf dem ausdrücklichen Wunsch basiert, eine derartige Klassifikation zu erschweren. Die meisten Menschen ändern sich ständig, und doch werden sie dort bezüglich ihrer grundlegenden Eigenschaften als einander ähnlich betrachtet, also genau in dem Punkt, in dem Fachleute, Verbände und Regierung gewöhnlich die markantesten Unterschiede entdecken. Das legt folgende Schlußfolgerung nahe, aus der sich eines der ersten Merkmale der Camphill-Dörfer ergibt: Die Dorfgemeinschaften fördern ein Zusammenleben, das sich der systematischen Erfassung nach Kategorien, wie sie dem Staat und der Statistik zweckdienlich ist, mit ungewöhnlich heftigem Widerstand entzieht. Im Sinne Foucaults können sie daher als kleine Inseln des Widerstands gegen die Vormachtstellung staatlicher Kategorisierung gelten.

3
Die Hausgemeinschaften

Fünf Dörfer. Landschaft, Klima und Menschen sind jeweils anders; jedes gehört einer völlig anderen Kulturregion an. Dennoch ähneln sie sich alle. Wenn du in einem gewesen bist, kennst du die übrigen. Das stimmt zwar nicht ganz, weil jedes Dorf seinen eigenen Lebensstil, sein eigenes unverwechselbares Gesicht und seinen eigenen Stolz besitzt. Und doch: Du kommst von einem Dorf zum nächsten; du öffnest die Tür; du bist daheim.

Diese Ähnlichkeit hat viele Gründe, die, wie ich hoffe, auf den folgenden Seiten allmählich zum Vorschein kommen. Vordergründig beruht sie natürlich darauf, daß so viele Menschen in den Häusern dort leben, die nicht unseren Vorstellungen von Normalität entsprechen. Des weiteren spielen bestimmte Grundprinzipien für das Gemeinschaftsleben eine Rolle – Prinzipien, die stärker sind als regionale Unterschiede in der Kultur, den Menschen, dem Klima oder der landschaftlichen Umgebung. Die Ähnlichkeit der Dörfer hat also auch etwas mit dem Stil des Lebens in den Hausgemeinschaften, dem Stil des Arbeitslebens und dem Stil des kulturellen Lebens zu tun. Und sie hat etwas damit zu tun, daß nicht alles unter finanziellem Aspekt gesehen wird. Aber fangen wir daheim an.

3.1   Gemeinschaftliche Lebensführung

Idioten, Schwachsinnige, Bösartige! So würde wohl ein großer Teil derjenigen, die in den Dörfern leben, von einer breiten Bevölkerungsschicht bezeichnet werden. Aber es gibt dort auch viele andere, die es einfach vorziehen, in einer Dorfgemeinschaft zu leben. Sie sind wahrscheinlich im großen und ganzen recht normal; vielleicht sind sie es aber auch nicht, und wir haben bloß noch nicht ihre Sonderbarkeit entdeckt. Jedenfalls verfügen diese Dörfer über ein Höchstmaß an Variation. Manche, die dorthin kommen, sind jahrelang in Zellen eingesperrt gewesen, weil sie als gemeingefährlich galten. Andere kommen aus dem Antrieb dorthin, ihrem Leben einen Sinn zu geben. Einige finden ihn; andere dagegen sind völlig unzufrieden und nehmen bei der erstbesten Gelegenheit Reißaus.

Wer jedoch auf Dauer bleibt, wohnt in einer Hausgemeinschaft, die fast alle Sorten von Menschen vereint. Das ist nämlich der oberste Grundsatz dieser Dörfer: Es gibt dort keine Trennung nach «Befähigung» oder «Normalität». In jedem Haus leben normale und nicht ganz so normale Menschen zusammen. Die meisten von ihnen besitzen zwar ein eigenes Zimmer, aber es gibt keinen abgetrennten Teil für Bewohner, die ungewöhnliche Verhaltensweisen zeigen. Einige, die Schutz vor Lärm brauchen, bekommen vielleicht ein Zimmer, das nicht mittendrin liegt, aber weiter geht die Trennung nicht.

Das gleiche Prinzip gilt für die Benutzung der Gemeinschaftsräume; auch sie sind für alle da. Und es gilt für die wichtigsten aller häuslichen Aktivitäten: die Mahlzeiten. Es gibt in den Häusern nur einen einzigen großen Tisch, an dem alle Bewohner bunt gemischt zusammensitzen.

Die Hausmutter oder der Hausvater sitzt oft am Kopfende und sorgt dafür, daß jeder das bekommt, was er braucht. Kleinkinder sitzen meist nah bei ihren Eltern. Manche Eltern nehmen jedoch ausnahmsweise einen Teil der Mahlzeiten in den eigenen Zimmern ein, denn Kleinkinder brauchen manchmal besondere Aufmerksamkeit, und die Tischgemeinschaft ist dafür zu groß. Auch manche ältere Leute essen ihr Frühstück allein – zum Schutz gegen ein erdrückendes Maß an Geselligkeit. Aber das sind seltene Ausnahmen. Üblich ist dagegen der große Tisch, an dem alle beieinandersitzen und sich unterhalten. Manchmal findet die Unterhaltung nur zwischen zwei oder drei Personen statt, vielleicht weil es sich um ein Thema handelt, dem die anderen nicht folgen können. In manchen Häusern gehört das fast zur Tagesordnung. Aber wie für das allgemeine Zusammenleben gilt auch hier, daß eine Absonderung im Gemeinschaftsraum unhöflich ist und daher mißbilligend zur Kenntnis genommen wird. Generelle Anteilnahme ist die Norm.

In jeder Hausgemeinschaft gibt es jemanden, der besondere Verantwortung für alle häuslichen Angelegenheiten trägt. Fast immer handelt es sich dabei nicht um eine Person, die eine Rente erhält und daher als behindert gekennzeichnet ist. Aber auch hier gibt es Ausnahmen, und so trägt in manchen Hausgemeinschaften jemand die Hauptverantwortung, der deutlich erkennbar beeinträchtigt ist. Die Verantwortlichen heißen «Hausmutter» oder «Hausvater». Einige von ihnen leben in Zweierbeziehungen zusammen und/oder haben eigene Kinder.

Nach dem Frühstück brechen alle Hausbewohner mit Ausnahme des Hausvaters oder der Hausmutter auf, um anderswo arbeiten zu gehen. In manchen Fällen verläßt auch der Vater oder die Mutter das Haus, zumindest für den halben Tag. Gleichzeitig treffen Leute aus anderen Häusern ein, denn die häuslichen Pflichten – wie etwa Putzen und Kochen – werden als Arbeit aufgefaßt und daher von jemand anderem erledigt. Es gilt als wichtig, eine klare Abgrenzung zwischen Wohnbereich und Arbeitsplatz vorzunehmen.

Sowohl um die Mittagszeit als auch gegen Abend, kurz bevor die kulturellen Aktivitäten beginnen, füllt sich das Haus wieder. Auch der Samstagnachmittag und der Sonntag sind Zeiten reger Betriebsamkeit in den Häusern.

Das alles mag recht friedvoll klingen, als sei der Alltag in den Dörfern harmonisch eingeteilt, gut geplant und vorhersagbar, aber dem ist nicht so. Dazu möchte ich die Schilderung des Ablaufs eines ganz normalen Samstags aus der Perspektive eines ganz normalen Mitarbeiters geben. Das einzig Ungewöhnliche an der geschilderten Situation ist die Tatsache, daß weder der Hausvater noch die Hausmutter an dem betreffenden Tag daheim sind. Es ist der Tag,

– an dem A schon am frühen Morgen krank ist und über Magenschmerzen klagt,
– B weder sein Zimmer aufräumt noch die Treppe sauber macht,

– C sich auf den Bibelabend vorbereiten soll, aber in B's Zimmer
herumtrödelt,
– D beschließt, das Säubern der Treppe zumindest zum Teil von B
zu übernehmen, aber den Staubsauger nicht zum Laufen bekommt,
weil B zum Beweis seiner körperlichen Kräfte die Schläuche zu fest
zusammengepreßt hat und ich auch nicht genügend Kraft habe,
– an dem es A immer schlechter geht und er fürchterlich jammert,
daß er sterben könnte, und ich kann mich nicht an den Namen der
Krankenschwester erinnern und weiß auch nicht, wo sie wohnt.
– Glücklicherweise kommt ein Mitarbeiter vorbei und sagt mir, wie
sie heißt, aber jetzt geht das Telefon nicht, und der andere Apparat
ist plötzlich verschwunden.
– A klagt immer mehr, und C, die endlich aus B's Zimmer kommt,
bittet mich, auf die Eier aufzupassen, die sie gerade kocht, und als
ich endlich B an die Arbeit kriege, da kommt schon die Krankenschwester und fragt nach Kamillentee, aber wir haben keinen im
Haus, und so bitte ich E, schnell zu den Nachbarn hinüberzulaufen,
um welchen auszuleihen, aber E, der nicht lesen kann, besteht darauf, daß wir Kamillentee im Haus haben, und zum Beweis dafür,
daß es nicht nötig ist, zu den Nachbarn hinüberzulaufen, schleppt
er mich vor das Regal mit den zwanzig Teedosen, die ich schon
vorher durchgesehen habe. Also renne ich selbst rüber und hole den
Tee und habe natürlich die Eier vergessen, so daß C sehr böse mit
mir ist.
– Da kommt die Krankenschwester aus dem Zimmer von A und
berichtet, daß er von einem Ohr zum andern lacht. Alles, was er
braucht, ist ein bißchen Extra-Aufmerksamkeit.

Es ist der Tag, an dem
– die Eier gar nicht mal so schlecht sind, also wird mir verziehen,
– an dem D endlich mit dem Staubsauger fertig wird und froh ist,
die Treppe gesaugt zu haben,
– an dem B schließlich doch noch sein Zimmer aufräumt
und mir einfällt, daß ich gehört habe, C könne keine Kinder bekommen, also brauche ich mir keine Sorgen zu machen über die

vielleicht sehr konkreten Folgen einer Romanze, die vermutlich nur darin besteht, eine Tafel Schokolade gemeinsam gegessen zu haben. Und als ich zu A ins Zimmer gehe, grinst er immer noch übers ganze Gesicht und hat so viel Kraft, daß er mich in den Stuhl drücken kann; dann hält er mit der einen Hand meine beiden Hände fest umklammert und legt die andere auf seine Stirn.

Es war ein Tag wie jeder andere im Dorf.

3.2   Die Geschichte von Vidar und dem Tee *

Die meisten Leute rund um die großen Tische in den Hausgemeinschaften sind angeblich dumm. Das fiel mir ein, als ich in einem der Dörfer Neuankömmling war und dort zu Abend aß. Um den Tisch saßen ungefähr zehn Personen. Vidar fragte, ob wir noch Tee wollten, und goß uns dann allen ein. Ohne zu zittern, ohne etwas zu verschütten. Nicht ein Tropfen ging daneben. Vidar wird nicht nur als geistig behindert bezeichnet, er ist auch blind. Aber das Eigentliche der Geschichte ist nicht die Tatsache, daß der blinde, als geistig behindert eingestufte Vidar uns Tee einschenkte. Der springende Punkt ist vielmehr das Verhalten der übrigen Anwesenden am Tisch. Es war für sie eine Selbstverständlichkeit, daß Vidar den Tee einschenkte, und es herrschte eine Atmosphäre gänzlichen Vertrauens. Ich glaube, ich bemerkte damals nur einen etwas wachsamen Blick von seiten desjenigen, der besondere Verantwortung für das Decken des Tischs übernommen hatte, aber es gab kein Eingreifen und keine Kommentare danach. Das konnte nicht geplant gewesen sein. Am nächsten Tag fragte ich einen alten Bekannten. Er bestätigte, daß es dabei keine Strategie gäbe; das Ganze sei nie in der Hausgemeinschaft besprochen worden.

* Diese Episode habe ich bereits in meinem Buch *Grenzen des Leids*, übers. von Peter Selling, Bielefeld 1986, erzählt.

Die einzige Bedrohung, die ich mir für den Kreis der Leute um jenen Tisch vorstellen kann, besteht möglicherweise darin, daß zu viele Helfer anwesend sind. Ich meine nicht die berufsmäßigen Helfer, denn sie sind ohnehin aus dem Alltagsleben der Dorfgemeinschaften weitgehend verbannt, zumindest in ihrer Eigenschaft als Fachleute. Ich meine vielmehr übereifrige Helfer, solche, die Gutes tun wollen, denn sie sind eine wirkliche Bedrohung. Die Dorfgemeinschaften locken nämlich junge Menschen an, die nur darauf warten, eine Zeitlang am Dorfleben teilzunehmen. Zu viele von ihnen würden instinktiv meinen, Vidar die Teekanne aus der Hand nehmen zu müssen, oder würden ihn sogar aus seiner Hauptaufgabe im Haushalt, dem Geschirrabtrocknen, verdrängen. Das erledigt Vidar nämlich pro Tag einmal, zusätzlich zu seinen anderen Aufgaben außerhalb des Haushalts. Um ihn und andere zu schützen, werden im Dorf keine Spülmaschinen geduldet. Und gleichfalls zu seinem Schutz müssen einige der jungen Leute, die in Versuchung geraten könnten, zuviel Hilfe zu leisten, ihre Mahlzeiten in einem abgetrennten Bereich einnehmen, in dem sich keiner der früher als geistig behindert Bezeichneten, der Schwachsinnigen, Blinden oder Krüppel aufhält. Mit anderen Worten: Die Situation wurde auf den Kopf gestellt. Aus den jungen Helfern sind nun die Behinderten und Benachteiligten geworden, vor denen die anderen geschützt werden müssen.

Die jungen Leute wissen das ganz genau. Sie kämpfen darum, Zugang zu bekommen, um das Gemeinschaftsleben in seiner Gesamtheit kennenzulernen und Lehrer aller Art, das heißt aus der ganzen Vielfalt von Menschen, für die entscheidenden Dinge zu finden.

Dieser Kampf nimmt kein Ende. Mindestens drei Versuche hat es in Vidaråsen gegeben, eine Abgrenzung zwischen den Wohnbereichen zu schaffen und einzelne Häuser einem ganz bestimmten Zweck vorzubehalten. In ihnen sollten angeblich nicht behinderte junge Leute und Kurzzeitbesucher aus der Gesellschaft außerhalb wohnen oder aber ganz normale Erholungssuchende ein wenig Ruhe finden. Das hat aber nicht funktioniert. Junge Menschen

werden noch jünger, wenn sie sich selbst überlassen sind; Kurzzeitbesucher kommen üblicherweise nicht, um allein zu sein, und diejenigen, die Ruhe brauchen, beginnen sich die Frage zu stellen, was
Ruhe denn eigentlich ist. Das Fehlen von Geräuschen, von Lachen,
ja sogar von Tränen? Eine der vielen Erfahrungen des Lebens in den
Dörfern besteht darin, daß sich die Beziehungen innerhalb einer
Hausgemeinschaft trüben, wenn die Vielfalt ihrer Mitglieder zu
stark eingeschränkt ist. Und die Menschen werden trübsinnig,
wenn sie ausschließlich mit ihren eigenen Problemen und privaten
Nöten beschäftigt sind.

3.3   Wichtig, aber nicht entscheidend

Die Häuslichkeit hat in den Dörfern vermutlich einen geringeren
Stellenwert, als es im Nordwesten Europas sonst üblich ist. So sind
zum Beispiel die Gemeinschaftsräume weniger anspruchsvoll aus-
gestattet; das Mobiliar entspricht nicht ganz dem üblichen skandinavischen Standard, und auch manche der kleinen Symbole des
Privatlebens sind nicht in so großer Zahl vorhanden wie sonst.
Überhaupt rangiert die Anzahl der Gegenstände mehr auf dem früher in südlichen Ländern üblichen Niveau, und auch die Gründe
dafür sind wahrscheinlich teilweise dieselben. Im Süden Europas
spielte sich zumindest bis vor kurzem ein Großteil des Lebens in der
Öffentlichkeit ab – eine natürliche Folge sowohl der klimatischen
und baulichen Gegebenheiten als auch der sozialen Ordnung in
diesen Ländern. Als Entschädigung für die klimatischen Erschwer-
nisse des Nordens gibt es in Vidaråsen und den anderen vier Dörfern eine große Anzahl öffentlicher Gebäude. Eine negative Grund-
einstellung gegenüber dem Konsumdenken legt der Häufung von
Besitztümern in den Wohnräumen Grenzen auf, und die Organisation des Gemeinschaftslebens lockt die Dorfbewohner aus den
Häusern heraus. Darüber hinaus hat die Freiheit der Privatsphäre –
so oft mit dem abgeschirmten Leben hinter den Mauern eines Zu-
hauses in Verbindung gebracht – dort weit weniger Bedeutung.

Wenn man in einer der beschriebenen Hausgemeinschaften wohnt und an dieser Art des Zusammenlebens Freude hat, taucht unwillkürlich die Frage nach den Kriterien für die Bewertung des Lebens daheim auf. Ist das Zuhause ein Ort, an dem neue Energie getankt wird? Ist es ein Fluchtpunkt der Ruhe oder ein Schauplatz schöpferischer Tätigkeit? Ist es ein Zweck an sich oder Teil eines Gesamtprozesses? Und was hat es mit den Privilegien des Alleinseins auf sich, mit dem Verarbeiten der Eindrücke, die man in anderen Lebensbereichen gewonnen hat, dem Lecken der Wunden, die man sich dort geschlagen hat, und der Erholung?

Das Bedürfnis nach Alleinsein wird häufig von Besuchern angesprochen, die in die Dörfer kommen. «Wie macht ihr das, den ganzen Tag mit anderen Leuten zusammenzusein, nie allein zu sein, keine Zeit für euch selbst zu haben?»

Vielleicht hat des Rätsels Lösung etwas mit dem Fehlen von Verstellung zu tun.

Denn die meisten, die in diesen Dörfern leben, sind nicht besonders geschickt darin, sich zu verstellen oder zu verbergen, was sie denken. Dadurch entsteht ein über das übliche Maß hinausgehender Grad von Ehrlichkeit. Auch die Organisation des sozialen Lebens spielt in diesem Zusammenhang eine bedeutsame Rolle. Wie in späteren Kapiteln zu sehen sein wird, zielt sie auf ein ständiges Miteinander in fast allen Bereichen des täglichen Lebens. Jeder kennt dort jeden, und zwar nicht nur daheim, sondern auch am Arbeitsplatz, bei den kulturellen Aktivitäten und in der Freizeit. Die Ganzheit, mit der sich der einzelne den anderen im Dorf darstellt, ist das Ergebnis einer endlosen Zahl von Begegnungen in den verschiedensten Lebenssituationen. Daraus erwächst ein Bedürfnis nach Beständigkeit. Rollenspieler, die sich nur innerhalb eines bestimmten Sektors des sozialen Lebens zu erkennen geben, in anderen Bereichen aber ein verborgenes Leben führen, haben da kaum eine Chance. Statt dessen begegnen uns in den Dörfern Persönlichkeiten, Charaktere, Menschen also, in deren Verhalten keinerlei Unstimmigkeit spürbar wird. Für sie hat das Zuhause natürlich eine ganz andere Qualität. Vermutlich deuten das Sprichwort «Mein Haus ist meine Burg» und das allgemeine, schlimmstenfalls in Einsamkeit endende Streben nach einem beschützten Leben daheim auf die Existenz einer zweiten Lebenswirklichkeit hin, einer Welt des Scheins, in der man eine Maske trägt. Unter dieser Voraussetzung wird das Zuhause zum Ort, an dem die Maske fällt und das wahre Ich zum Vorschein kommt; es ist ein Ort des völligen Alleinseins mit sich selbst, ein Freiraum, der die Möglichkeit birgt, das Bild, das man öffentlich von sich zeigt, mit dem privaten Gegenstück zu versöhnen. Das Leben in den Dörfern stellt sich dagegen ganz anders dar. Wegen der Eigenart der Dorfbewohner und der speziellen Organisationsform ihrer Gemeinschaft ist es ein Leben, das kaum Verschleierung kennt. Das erklärt auch, warum das Alleinsein dort keine vorrangige Bedeutung hat. Denn fast alles ist bekannt; es gibt kaum etwas zu verbergen. Das macht es leichter, in Gegenwart der anderen man selbst zu sein. Und darum ist es möglich, in der Gemeinschaft dort jene Freiheit zu erleben, die üblicherweise mit der Vorstellung vom Alleinsein verbunden wird.

Diese Interpretation enthält vielleicht auch den Schlüssel zur tieferen Bedeutung einer ganz anderen Erfahrung. Ich habe in meinem Leben viel Zeit mit verschiedenen Gruppen außergewöhnlicher Menschen verbracht. Bei ihnen handelte es sich in der Mehrzahl um Personen, die als geistig zurückgeblieben bezeichnet wurden, aber es waren auch einige darunter, die als verrückt oder außerordentlich schlecht galten. Im Laufe der Zeit stellte ich fest, daß ich eine Vorliebe für genau diese Art von Gesellschaft entwickelte. Ich weiß, daß ich damit nicht allein stehe. Menschen, die als zurückgeblieben, verrückt oder außerordentlich schlecht gelten, haben etwas miteinander gemeinsam, und zwar nicht die Tatsache, daß ihr Verhalten von bestimmten Normen abweicht, sondern vielmehr, daß es konsequent und in sich stimmig ist. Anders als die meisten von uns sind diese Menschen entweder über jede Form von Verstellung erhaben oder unfähig, sich zu verstellen. Für Grenzfälle trifft freilich eher das Gegenteil zu. Sie sind meist krampfhaft bemüht, als normal zu gelten. Doch jene, die unverrückbar auf der falschen Seite stehen, haben eine Echtheit an sich, die außerordentlich anziehend ist.

Nora kam bei mir vorbei, nachdem sie eine Woche lang sehr rege an meinem Seminar über psychiatrische Anstalten teilgenommen hatte. Sie besitzt offenbar einen reichen Erfahrungsschatz bezüglich solcher Orte und ist extrem verletzlich. Sie hat mein Seminar völlig auf den Kopf gestellt; dort herrschte für eine Weile das reinste Chaos. Nach dem Seminar ging sie gleich in die Klinik zurück, um sich ein wenig auszuruhen, kam jedoch bald wieder heraus und besuchte mich. Sie zeigte keinerlei Abwehr, keinerlei Verstellung und veranlaßte daher auch mich, jede Verstellung abzulegen. Solche Besucher schaffen eine Art von Frieden in den engen Wänden des Büros, einen Frieden, der auf Dauer bleibt.

Aber auch diese Geschichte stimmt nur zum Teil. Ich kenne Nora nicht. Ich werde sie nie kennen. Ich kenne auch die Menschen nicht, die in den Dörfern leben, und natürlich kenne ich mich selbst nicht. Vielleicht hat das Ganze etwas mit Achtung zu tun. Das Leben in diesen Gemeinschaften bietet die seltene Möglichkeit, *andere Menschen so zu akzeptieren, wie sie sind.* Das schließt auch die Toleranz gegenüber der Tatsache ein, daß wir nicht alles voneinander wissen. Das Bedürfnis nach Alleinsein reduziert sich von selbst, wenn kaum der Anspruch besteht, wie alle anderen zu sein. Menschen, die nicht der Normalität entsprechen, schaffen einen Freiraum, und zwar nicht nur um sich selbst, sondern auch um jene, die mit ihnen in Berührung kommen. Die Camphill-Dörfer stellen soziale Systeme dar, die ganz besonders dazu geeignet sind, diesen Prozeß zu fördern. Sie schaffen Raum für Nähe, aber auch für ein Alleinsein ohne Einsamkeit.

In der ersten Fassung meines Manuskripts war dieser Abschnitt nicht vorhanden. Kritische Kollegen machten mich energisch auf sein Fehlen aufmerksam. Sie meinten: «Wenn man Ihr Manuskript liest, hört es sich so an, als gebe es keinerlei Privatgeheimnisse in den Hausgemeinschaften. Vor allem bekommt man den Eindruck, als existierten dort keinerlei sexuelle Beziehungen. Haben die Menschen in den Dörfern kein Bedürfnis nach Liebe und Sinnlichkeit? Was geht in den Häusern dort vor sich?»

Daß ich diesen Gesichtspunkt anfangs ausgelassen habe, stellt wohl in sich schon eine Bewertung dar. Die Auslassung spiegelt nämlich die Tatsache wider, daß es sich bei den Dörfern um ziemlich normale Lebensgemeinschaften handelt. Es gibt dort zwar weniger Verstellung als sonst, aber in bezug auf das Privatleben und die Scheu, darüber zu sprechen, unterscheiden sich die Dörfer kaum von der restlichen Gesellschaft. Daher kommt es einem nicht gerade in den Sinn, Nachforschungen über das Liebesleben der Dorfbewohner anzustellen, und so weiß ich nicht viel darüber, genauso wie ich nicht viel über die sexuellen Beziehungen meiner Nachbarn und Freunde in Oslo weiß. Die Dörfer sind keine institutionellen Einrichtungen, also ist dort das Blickfeld eingeschränkt. Es gibt auch kein Kontrollsystem, wie es in so vielen Heimen und Anstalten üblich ist. Die Menschen verlieben sich in den Dörfern genauso wie anderswo. Einige, aber nicht viele, ziehen zusammen. Andere leben zusammen, ohne daß dies sonderlich auffällt. Ich nehme an, daß viele von denen, die allein wohnen, sich sexuelle Freude durch Selbstbefriedigung verschaffen. Ich habe nicht danach gefragt. Ich frage schließlich auch nicht meine Nachbarn in Oslo. Wie überall ist auch in Vidaråsen so manche partnerschaftliche Beziehung recht instabil; wie überall gibt es einige, die entweder in deutlich erkennbarer Weise gegen allgemeingültige Normen verstoßen oder mit ihrem Verhalten so viele Konflikte auslösen, daß sie allgemeines Mißfallen erregen. Darüber hinaus tun sich manche Dorfbewohner recht schwer, ihre eigenen Bedürfnisse zu erkennen. Das mag einer der Gründe dafür sein, daß unter den angeblich Behinderten dort so wenige Schwangerschaften bekannt werden. Einige benutzen Verhütungsmittel. In Oslo lassen mehr als die Hälfte aller Frauen einmal in ihrem Leben einen Schwangerschaftsabbruch durchführen. Ich kenne aber in meiner Nachbarschaft weder die, die es getan haben, noch die, die es nicht getan haben. Ich bin auch nicht so ungeniert, danach zu fragen. Also frage ich auch die Bewohner von Vidaråsen nicht. Es wäre irgendwie unter meiner und ihrer Würde.

Die Gemeinschaftsräume sind jedoch für alle da. In einem von ihnen traf ich neulich Gudrun, die neue Gudrun. Ich sah sie nur kurz, als sie gerade hinter ein paar Säulen langging. Sie war so verändert, daß ich im Moment nicht wußte, ob die Frau dort wirklich Gudrun war. Ich schaute noch einmal hin, und ja, es war tatsächlich Gudrun.

Sie war die erste, die nach Vidaråsen gekommen ist. Ihr Bruder ist einer der Gründer des Dorfs; er wollte ihr helfen. Gudrun gefiel es dort, dennoch war ihr Leben alles andere als glücklich. Sie war zwar geschickt darin, die Fußböden zu wischen, aber alles, was sie tat, war von einem gewissen Zorn begleitet und verursachte viel Lärm. Ihr Gesicht war immer in Falten gelegt, sie nuschelte, glich in ihrem Äußeren fast einer Hexe und strahlte Unruhe aus.

So war Gudrun bis zu jenem Tag, an dem ich sie hinter der Säule entdeckte. Ein völliger Wandel hatte sich vollzogen. Unermeßlicher Friede war plötzlich in sie eingekehrt. Ihr Gesicht strahlte vor Freude. Der Grund: Gudrun hatte nun Johannes. Kurz zuvor hatten sich beide bei einem Treffen zweier Dörfer kennengelernt. Johannes, ein großer und ziemlich bedächtiger Mann, war aus dem anderen Dorf. Eine Woche nach der ersten Begegnung packte er seinen Koffer und zog in Gudruns Dorf um. Im nächsten Jahr wechselten sie in einem Flugzeug, das gerade die Alpen überflog, die Ringe. Es war wie eine Geschichte aus einer Illustrierten, nur mit einem sehr viel realistischeren Ende. Beide bewohnen nun zwei angrenzende Zimmer und verbringen viel Zeit miteinander. Ein erheblicher Teil dieser Zeit ist mit ziemlich lautstarken Streitereien ausgefüllt. Ich weiß nicht, wie es um ihr Intimleben bestellt ist, und würde im Traum nicht daran denken, sie zu fragen, aber ich teile sowohl die allgemeine Freude an der Tatsache, daß sie einander begegnet sind, als auch die allgemeine Sorge darum, daß ihre Beziehung auseinanderbrechen könnte.

4
Die Arbeit

4.1   Gefährliche Werkzeuge

Seltene Arten sind immer von der Gefahr der Ausrottung bedroht. In der modernen Welt befinden sich die Dorfgemeinschaften in ganz besonderer Gefahr. Sie sind nicht sehr zahlreich, und die wenigen, die es gibt, liegen weit voneinander entfernt. Sie stehen unter verschiedenen Aspekten in krassem Gegensatz zur herrschenden Kultur und müssen daher ein Höchstmaß an Überlegung und Selbsteinsicht aufbringen, um sich vor dem schützen zu können, was in der Außenwelt fraglos gilt. Lassen Sie mich dies am Beispiel der folgenden Geschichten um drei verschiedene Arten von technischen Hilfsmitteln deutlich machen. Die betreffenden Werkzeuge werden in weiten Teilen der industrialisierten Welt als selbstverständlich hingenommen. Für die Dorfbewohner hingegen bringen sie große Probleme mit sich. Zunächst also die Geschichte einer Niederlage.

Das örtliche Telefon

Früher einmal besaß Vidaråsen zwei Postboten. Sie waren wichtige Leute, trugen eine besondere Mütze und führten einen Postsack bei sich. Ihre Aufgabe erfüllte sie mit großem Stolz. Würdevoll brachten sie die Post vom Hauptbriefkasten zu den einzelnen Häusern. Zusätzlich stellten sie auch interne Botschaften zu. Von ihrer Zuverlässigkeit hing also eine Flut von Nachrichten ab. Ohne sie befand sich das Dorf in Not.

Heute sind diese Postboten nicht mehr das, was sie einmal waren. Ihre Arbeit ist nicht mehr so kreativ, denn sie haben die Hälfte ihrer

Aufgaben an das Telefon verloren. Der Plan zur Installierung eines internen Telefonnetzes wurde schon früh bei einer Versammlung des Verwaltungskomitees diskutiert. Heftiger Protest regte sich. Nichtsdestotrotz waren einige Jahre später ohne Billigung des Vorstands die Telefone da und ein Teil der früheren Aufgaben fort.

Wieder regte sich heftiger Protest. Eine Zeitlang konnten die Telefongegner verhindern, daß eine Version des neuesten Systems in Betrieb genommen wurde. Es wurde zwar installiert, aber nicht angeschlossen. Doch vergeblich. Zum Zeitpunkt der Drucklegung dieses Buchs war schon wieder ein völlig neues und besonders rationelles System verfügbar, ein System, das so kompliziert ist, daß das erste Handbuch zu seiner Benutzung einen wesentlichen Punkt übersehen hatte. Dieser Umstand vereinte alle Beteiligten in einem Gefühl von Ungeduld. Eine neue, korrigierte Fassung der Gebrauchsanweisung ist jedoch bereits erstellt und wird ein paar Auserwählten den Weg zur Benutzung des betreffenden Kommunikationsinstruments weisen. In sozialer Hinsicht hat das drei Konsequenzen. Erstens gehen Aufgaben verloren. Zweitens entstehen Situationen, die den Gegensatz zwischen «ihnen» und «uns» verstärken. Und drittens – auch ein ganz wesentlicher Gesichtspunkt – hat das örtliche Telefon zur Folge, daß sich die Zahl der Menschen draußen auf den Straßen und Wegen in gewissem Umfang verringert. Statt eines kleinen Ausflugs zum Nachbarn zum Zweck der Überbringung einer Nachricht wird nun das Telefon benutzt. Das ist zwar bequem, für das Miteinander jedoch bedrohlich, wie später noch zu sehen sein wird.

Geschirrspülmaschinen

Um diese Geräte tobte ein zwanzigjähriger Krieg. In Einrichtungen, die der Gesundheitspflege dienen, haben die Belange der Hygiene oberste Priorität. Anfangs gehörten die Dorfgemeinschaften zum Zuständigkeitsbereich des Gesundheitsministeriums, also waren sie ein Revier für Ärzte und Krankenschwestern. Gesundheitspfleger bekämpfen Krankheitskeime, und Geschirrspülmaschinen sind nun einmal zuverlässige Keimtöter.

Aber sie vernichten auch Arbeitsplätze. Geschirrspülmaschinen erledigen nämlich gerade die Arbeit, die einerseits für viele der Dorfbewohner besonders geeignet und andererseits für das gesellige Beisammensein rund ums Spülbecken besonders förderlich ist. Aber es handelt sich um eine schwierige Arbeit. Zugegebenermaßen befindet sich in den Dörfern nicht immer alles Geschirr auf dem Stand, den das Gesundheitsministerium propagiert. Wenn Beamte der Gesundheitsfürsorge kommen, wird in den Dörfern Alarm geschlagen. Dann ist das örtliche Telefon tatsächlich von Nutzen. Hastig werden Besteck, Teller und Töpfe inspiziert, doch die Kontrolleure stellen immer noch viel zu viele Krankheitskeime fest.

Die Dorfgemeinschaften vertreten zwar allgemein die Ansicht, daß eine sterile Umgebung negative Auswirkungen haben könnte, doch hat man mittlerweile einige Zugeständnisse gemacht. In den Cafeterias der Dörfer sind beispielsweise besonders viele Menschen von auswärts zu Gast. Da Gäste meist nicht an die örtlichen Bakterienstämme gewöhnt sind, werden hier Spülmaschinen geduldet. Aber nicht in den Wohnhäusern.

Landwirtschaftliche Geräte

Die Bauernhöfe in den Dorfgemeinschaften werden nach biologisch-dynamischem Prinzip bewirtschaftet. Das beinhaltet im wesentlichen, daß man versucht, sich die Natur zum Verbündeten, nicht zum potentiellen Feind zu machen. Die Landwirtschaft und der Gartenbau stellen also keinen ständigen Kampf gegen die Natur, sondern vielmehr eine Zusammenarbeit mit ihr dar. Dazu ist es nötig, erst die natürlichen Vorgänge zu beobachten, zu erforschen und zu verstehen; dann kann man der Natur dabei helfen, mehr von dem zu geben, was die Menschen von ihr wollen. Pestizide sind in den Camphill-Dörfern verboten; statt dessen versucht man das eigene Abwehrsystem der Natur gegen Unkräuter oder sonstige unerwünschte Übergriffe zu stärken. Ebenso ist Kunstdünger verboten;

statt dessen werden große Mengen von Kompost verwendet. Der Unterschied zwischen biologischem und biologisch-dynamischem Landbau besteht darin, daß letzterer sich ähnlich wie die Homöopathie auf bestimmte Substanzen verläßt, die im Ruf stehen, sich in ihrer gegenseitigen Wirkung zu verstärken; sie werden in einem speziellen Verfahren während des Winters gewonnen und später in die Erde eingebracht. Überdies folgt man im biologisch-dynamischen Anbau genau den alten Bauernregeln. Danach sollte beispielsweise die Saat erst ausgebracht werden, wenn Mond und Sterne sich in der bestmöglichen Konstellation befinden, wobei diese je nach Art des Saatguts durchaus verschieden sein kann.

Das vorliegende Buch befaßt sich jedoch mit den sozialen Strukturen der Dörfer, nicht mit ihrer Landwirtschaft. Unser Augenmerk richtet sich daher nicht auf die Frage: «Welche Art von Landwirtschaft erzeugt das meiste Getreide oder die meiste Milch?» Unsere Fragestellung lautet vielmehr: «Worin bestehen die sozialen Konsequenzen der verschiedenen Arten von Landwirtschaft?»

Der biologische und der biologisch-dynamische Anbau haben folgendes gemeinsam: Sie sind den Regenwürmern nützlich. Regenwürmer gelten als Verbündete bei der Erhaltung einer guten Bodenbeschaffenheit. Das hat jedoch Folgen für die Art der Gerätschaften, die man benutzt. Es darf kein schweres Gerät sein, weil sonst die Erde verklumpt und die Regenwürmer zerdrückt werden. Und Pestizide müssen verbannt werden, weil sie nicht nur Unkraut, sondern auch Regenwürmer vertilgen. Die Verwendung leichter Geräte bedeutet aber, daß man sowohl auf die gute, alte Pferdestärke als auch auf menschliche Körperkraft angewiesen ist. Das Fehlen von Pestiziden macht sich zuweilen darin bemerkbar, daß das Unkraut zu wuchern beginnt, und auch dann stellt Menschenkraft das einzig wirksame Gegenmittel dar. Das hat seine Vorteile und seine Nachteile. Gut ist, daß helfende Hände benötigt werden, und zwar auch die, die vielleicht nicht ganz so tüchtig sind wie die meisten anderen. Schlecht aber wird die Sache an einem regnerischen Tag. Alle werden tropfnaß, und die Stimmung sinkt. Das Feld des Nachbarn sieht herrlich frei von Unkraut aus, eine Folge des Pestizids, das er vergangenen Monat von seinem Sitz hoch oben auf dem riesigen Traktor ausgebracht hat. Und schließlich möchten auch die Dorfbewohner einmal Ferien machen; sie möchten ihre Familien besuchen oder gemeinsam auf Reisen gehen. Der Bauer und die Handvoll Helfer sind meist gerade während der Wochen allein, in denen sie die meiste Hilfe von den anderen brauchen.

Und schon ist die Versuchung da. Die Felder könnten mit einem Traktor besser als mit Pferden gepflegt werden, und ein großer Traktor wäre dabei noch hilfreicher als ein kleiner. Der Bauer ist schließlich ein Ehrenmann, und sein Land ist sein Stolz. Außerdem kann der große Traktor im Winter leichter den Schnee von den Straßen räumen. Das Ansehen, das der leistungsstarke Traktor genießt, hat zur Folge, daß sogar die Forderung laut wird, die schmalen Wege im Dorf zu richtigen Straßen auszubauen, die breit genug sind, mit seiner Hilfe von Schnee freigehalten zu werden. Manche Dorfbewohner tun sich mit dem Laufen schwer. Auch einige ältere Mitarbeiter haben Schwierigkeiten. Ein leistungsstarker Traktor könnte an jedem frostigen Morgen schon in der Frühe Sand auf die vereisten Straßen streuen, noch ehe irgendeiner der gebrechlicheren Bewohner das Haus verläßt. Die abschließende Beurteilung der Angelegenheit ergab also mit Blick auf die allgemeine Bequemlichkeit und die Interessen der Landwirte und der Beamten der Gesundheitsfürsorge die Frage, ob denn die Sicherheit der Dorfbewohner nicht mehr zähle als die Regenwürmer.

Darauf sind in allen fünf Dörfern Traktoren angeschafft worden. Aber keine Melkmaschinen. Die Kühe sind den Menschen anvertraut, und eine sorgsame Pflege dieser Lebewesen äußert sich nicht darin, daß man sie während des langen nordischen Winters ständig im Stall eingesperrt läßt. Also dürfen die Kühe und Ochsen jeden Tag in den Schnee hinaus. Diese Rücksichtnahme hat ihren Preis. Vor zwei Wintern stürzte eine der besten Milchkühe von Vidaråsen auf dem Eis, brach sich ein Bein und mußte notgeschlachtet werden. Im allgemeinen aber führen die Kühe in den Dörfern ein glückliches Leben. Vor dem Melken werden sie stundenlang gestriegelt, was der Theorie der Bauern zufolge die Milchproduktion anregt. Selbst wenn das nicht stimmt, tut das Striegeln doch dem Aussehen der Kühe gut. Und vor allem tut es denen gut, die diese Aufgabe erledigen. In einigen Dörfern besteht eine der Hilfsarbeiten beim Melken darin, den Schwanz der Kuh festzuhalten, um zu verhindern, daß er dem Melker oder der Melkerin um die Ohren schlägt. Das Melken stellt natürlich eine besonders wichtige Aufgabe dar. Nicht alle können melken, aber für die, die es können, bedeutet diese Arbeit eine Quelle großer Freude.

Die Traktoren sind nun also da. Aber sie haben nicht die unbefestigten Wege verdrängt und werden nur mit großer Vorsicht auf den Feldern eingesetzt. Und auf die verschiedenen Zusatzgeräte, die helfende Hände überflüssig machen, hat man verzichtet. Speziell die Ernte wird noch zum größten Teil von Hand erledigt. Der Puppenladen, die Bäckerei und Töpferei sind an den großen Erntetagen geschlossen; das ganze Dorf befindet sich draußen auf dem Feld. Einige ziehen die Möhren aus der Erde, andere entfernen das Grün, und wieder andere legen sie in Pappkartons. Einige gießen Tee ein, einige genießen einfach das Beisammensein, einige schwänzen die Schule und hindern die anderen an der Arbeit. Genau davon wollte ich Z, den Läufer, abbringen, indem ich ihn bat, mir beim Herausziehen der Möhren behilflich zu sein. Er machte ein paar Witze und verschwand. Ich packte ihn noch einmal, und zwar fester. Er versuchte wieder zu entwischen, und schließlich begriff ich warum. Er wußte bloß nicht, was eine Möhre ist, und insbesondere nicht, wie man sie aus der Erde herausbekommt. Z, der erklärte Feind der Gegend, aus der er stammt, hatte schreckliche Angst davor, sein Unwissen zu offenbaren. Lieber schlecht sein als dumm – eine Tendenz, die Edgerton in seinem 1967 veröffentlichten Buch so einsichtig dokumentiert hat.

Örtliche Telefone, Spülmaschinen und landwirtschaftliche Geräte, das sind gefährliche Werkzeuge, wenn sie unbedacht zum Einsatz gelangen.

Die Hausarbeit beansprucht einen Großteil der Energie der Dorfbewohner. Jeden Morgen treffen diejenigen, die mit den häuslichen
Pflichten betraut sind, in anderen Haushalten ein, um dort zu putzen und zu kochen. Mit Ausnahme des Hausvaters oder der Hausmutter muß keiner der Dorfbewohner die Alltagsarbeiten im eigenen Haus verrichten. Denn als das eigentlich Wichtige an der Arbeit gilt, daß man sie für andere tut. Die Hausarbeit dauert
zunächst eineinhalb Stunden, dann folgt eine halbe Stunde Pause,
in der Tee getrunken und Kuchen gegessen, vorgelesen oder mit
dem Hausvater oder der Hausmutter geplaudert wird. Dann wird
wieder gearbeitet, bis es Zeit ist, zum Mittagessen nach Hause zurückzukehren. Am Nachmittag halten sich die, die vormittags die
Hausarbeit erledigen, meist in den Werkstätten auf.

Eine andere wichtige Arbeit stellt die Anfertigung von Puppen
dar. Die Leiterin einer der Puppenwerkstätten hat einmal über den
Hergang der Arbeit dort berichtet. Das folgende Zitat aus ihrer
Schilderung (Leinslie, 1984) ist zwar in Anbetracht des Umfangs
dieses Buchs ein wenig lang, aber der Prozeß, den die Verfasserin
beschreibt, hat ja auch viel Zeit in Anspruch genommen. Ihre behutsame Darstellung ist bei aufmerksamer Lektüre ungeheuer in-
formativ:

«Im Frühjahr 1981 wurde eine neue Puppenwerkstatt eingerichtet.
Es gab zwar schon eine, in der Puppen für vier- bis fünfjährige
Kinder angefertigt wurden, doch wir wollten zusätzlich Puppen für
Kleinkinder nähen. Dabei war es unser Ziel, eine Puppe zu kreieren,
die die kindliche Selbsterfahrung spiegelt. Ein Kleinkind hat kaum
ein Bewußtsein für seinen Körper und seine Beine, und so schufen
wir eine Puppe, deren Kopf und Hände voll ausgebildet sind, während der Rumpf und die Beine aus einem weichen Sack bestehen.

Eine Werkstatt ist eine Gemeinschaft im kleinen. In ihr können
alle das Gefühl haben, einander gleich zu sein, weil sich unschwer
erkennen läßt, daß jede einzelne Tätigkeit Bedeutung für das End-

produkt hat. Wenn ein Bindeglied fehlt, wirkt sich das auf den gesamten Arbeitsprozeß aus, aber nicht nur, weil dadurch die Produktivität eingeschränkt ist. Irgendwie fehlt etwas in der Gesamtatmosphäre des Raums, wenn nur eine einzige Person abwesend ist.

Für jeden, der am Arbeitsprozeß teilhat, ist es wichtig zu wissen, daß der einzelne von Bedeutung für das Ganze ist. Ola zum Beispiel hat außerhalb der Werkstatt eine Menge Schwierigkeiten. Er ist aggressiv, erregbar, überaus wach und immer auf der Hut. Dennoch kann er auch freundlich und hilfsbereit sein, und er nimmt besondere Rücksicht auf die, die schwächer sind als er. Er kam aus einer Anstalt zu uns, in der er nicht nur als streitsüchtig, sondern auch als arbeitsscheu galt.

[…]. Als er in der Werkstatt anfing, erledigte er seine Näharbeiten von Hand. Er war nur den einfachsten Aufgaben gewachsen, hatte keine Ruhe und interessierte sich nicht für das, was er tat. Er pflegte Dinge im Dorf herumzutransportieren, um seiner Ruhelosigkeit ein Ventil zu verschaffen. Allmählich jedoch erwarb er die Fähigkeit, eine Nähmaschine zu bedienen. Er fing mit den denkbar einfachsten Dingen, wie zum Beispiel geraden Nähten, an; dann versuchte er sich mehr und mehr an schwierigeren Aufgaben und bewältigte sie mit Erfolg. Heute leistet er die notwendigen Vorarbeiten für das Nähen, er fertigt Zeichnungen nach einem Muster an, schneidet den Stoff zu und näht auch. Er führt seine Arbeit mit extremer Genauigkeit und Sorgfalt aus. Das Werkzeug hat sich für ihn als Segen erwiesen. Mit der Nähmaschine umgehen zu können und eine Arbeit zu haben, die ihm allein gehört, das bedeutet sehr viel für ihn. Er weiß nun, was er zu tun hat und welche Aufgaben ihn am nächsten Tag erwarten. Das bereitet seiner Ruhelosigkeit ein Ende. Er entfaltet sich nun in seiner Arbeit und erfüllt die gesamte Werkstatt mit Leben.

Aud dagegen ist sehr still in dem Haus, in dem sie wohnt. Es können Tage vergehen, bis sie ein Wort spricht. Sie hat ihre festen häuslichen Gewohnheiten und läßt sich zu nichts anderem bewegen, wenn sie nicht in der richtigen Stimmung ist. Das kann zwar auch in der Werkstatt passieren, aber mittlerweile kommt es nur noch selten vor. Seit Aud eine besondere Beziehung zu Ola entwikkelt hat, ist sie viel glücklicher. Sie ist flexibel und großzügig geworden. Manchmal leistet sie Thor Hilfe und fädelt seine Nadel ein, damit er den Rest seiner Arbeit erledigen kann. Als Helen zu uns in die Werkstatt kam, hat Aud sich vom ersten Tag an um sie gekümmert. Täglich begleitet sie Helen auf dem Hin- und Rückweg zwischen Werkstatt und Zuhause.

Aud erledigt ihre Näharbeiten an den Puppen von Hand. Die Puppen sind fast fertiggestellt, wenn sie sie abliefert. Aud sieht in ihnen lebendige Wesen und drückt sie oft an sich. Sie hat gern mehrere Puppen zur gleichen Zeit auf ihrem Tisch und behauptet, daß sie an allen gleichzeitig näht. Wenn sie ihre Arbeit erledigt hat, sagt sie: ‹Hier hast du ein Geschenk von mir.› Was sie gibt, kommt wirklich von Herzen, und ihre Freude an der Arbeit springt auf die anderen über.

Es hat den Anschein, als gingen die Dorfbewohner in den Werkstätten aus sich heraus. Hier gibt es nicht so viele Störfaktoren, und alles, was geschieht, wiederholt sich ständig. Das schafft eine Atmosphäre, in der sie sich zu öffnen wagen. Sowohl im Produktionsprozeß als auch im Prozeß der menschlichen Interaktion finden sie die Möglichkeit zu geben.»

Fast alle anderen Werkstätten in den Dörfern ähneln der hier beschriebenen Puppenwerkstatt. Sie sind allerdings nicht immer so systematisch durchdacht wie diese, und häufig arbeiten in ihnen Personen, die nicht so schwere körperliche und geistige Beeinträchtigungen haben. Es gibt zum Beispiel eine Töpferei, eine Zimmerei, eine Weberei, eine kleine Zementfabrik, mehrere Gewächshäuser, den Bauernhof und eine Bäckerei. Deren Säule heißt Tom. Vor einem Jahr hat er seine Gesellenprüfung gemacht. Seine Prüfungsarbeit bestand darin, für das gesamte Dorf Kopenhagener zu backen. Er ist vermutlich der erste Norweger mit Down-Syndrom (im Volksmund Mongolismus), der eine Gesellenprüfung abgelegt hat. Für diejenigen, die ihn gut kennen, war das aber keine große Überraschung. Tom verfügt sowohl über außerordentliche Willenskraft als auch über Erfindungsgeist, wie folgende Begebenheit beweist. Brot und Kuchen werden am besten, wenn sie in einem Ofen bakken, der mit Holz vorgeheizt wird. Vidaråsen hat einen Ofen, der um vier Uhr morgens angeheizt werden muß. Tom hat das jahrelang gemacht. Aber vor kurzem ging sein Wecker kaputt. Er hat es niemandem erzählt, sondern das Problem dadurch gelöst, daß er vor dem Schlafengehen drei große Gläser voll Wasser trank. Dann hat ihn die Natur etwa um vier Uhr morgens geweckt.

4.3   Selbstentfaltung oder Mühsal?

Vermutlich stellt sich nun die unvermeidliche Frage, was für eine Bezahlung die Dorfbewohner denn bekommen. Die Antwort darauf lautet: Keine. Niemand in den Dörfern wird bezahlt – weder die, die nachgewiesenermaßen behindert sind, noch der Rest. Die Menschen dort arbeiten einfach, und zwar in der Mehrzahl mit Begeisterung, zu einem geringen Teil aber auch mit der ausgeprägten Fähigkeit, die Arbeit nicht so ernst zu nehmen. Doch Geld, oder vielmehr Geldmangel, gehört nicht zu den Motivationen für die Arbeit. Ich kann mich an keine Diskussion im Dorf erinnern, die die Bezahlung der Arbeit zum Gegenstand gehabt hätte. Freilich wird über Geld gesprochen. Zum Beispiel darüber, wieviel Geld ausgegeben werden darf. Oder über den Ladenpreis der Puppen. Aber Geld wird nicht als Anreiz für die Arbeit gesehen; Arbeit und Geld werden nicht miteinander verquickt. Das hat weitreichende Konsequenzen für die Bedeutung der Arbeit im Dorf. Zum besseren Verständnis wenden wir uns einmal zwei gegensätzlichen Auffassungen zu, die es in der Kulturgeschichte der Arbeit gibt.

Die eine begreift die Arbeit als geistlose, schwere, anstrengende und oft schmerzhafte Plackerei, die für Körper und Seele eine große Belastung darstellt, insbesondere wenn Zwang dabei eine Rolle spielt. Gefängnisse sind voll von anschaulichen Beispielen dafür. In der älteren Gefängnisliteratur wird mit Akribie und Begeisterung die Tretmühle geschildert, die zum Inbegriff der Mühsal geworden ist. Die Tretmühle wurde durch die ständige Bewegung des Treppensteigens angetrieben. Nebeneinander traten Gruppen von Arbeitern auf die am Laufrad der Mühle befestigten riesigen Sprossen, die unter dem Gewicht der menschlichen Körper nachgaben. Dadurch setzte sich das Laufrad in Bewegung. Wenn die Zwangsarbeiter nicht schnell genug liefen, wurden sie selbst in die Tiefe gerissen. Meist mahlte die Mühle. Manchmal jedoch wurde sie lediglich in Gang gehalten. In jedem Fall erfüllte sie aber den Zweck, die Ruhe in der betreffenden Institution zu wahren.

Wenn man die Arbeit dagegen als Möglichkeit zur Selbstentfaltung versteht, stellt sie sich sehr viel positiver dar. Die positive Bedeutung klingt in der Verbindung zwischen Arbeit und Wirken an, die sich noch heute in Begriffen wie «Handwerk», «Tagewerk» oder «Werktag» verdeutlicht. Ein Werk ist das Ergebnis der Tätigkeit des Wirkens; so spricht man etwa auch von der vollendeten künstlerischen Arbeit als einem «Kunstwerk».

Die Dörfer haben eine Satzung, die im wesentlichen besagt, daß jeder Bewohner für das Wohl der anderen arbeitet – wie Krankenschwestern zum Beispiel, die die Kranken pflegen und trösten, oder Künstler, die für ein Publikum schöpferisch tätig sind. Niemand soll nur für sich selbst arbeiten. Nur so kann eine gesunde soziale Ordnung entstehen, wie Rudolf Steiner meinte, der die Grundlagen für diese Satzung schuf. Und wir könnten hinzufügen: Wenn Geld als Anreiz für die Arbeit dient, so hat das meist zur Folge, daß sie kein Wirken mehr ist, sondern Mühsal. Die Arbeit verliert ihren positiven Aspekt, wenn sie durch Geld motiviert ist. Also lautet die zentrale Frage: Welche Bedingungen müssen herrschen, damit eine Tätigkeit den Aspekt des Wirkens bewahrt?

Kinder zum Beispiel sind ständig irgendwie am Werk. Sie sind schöpferisch tätig, indem sie beispielsweise Puppen ins Bett bringen, Höhlen bauen oder Bündnisse schmieden. Doch auf viele von ihnen wartet in unserem Gesellschaftssystem eine Arbeit in Form von Plackerei. Unter mehreren Gesichtspunkten scheint daher die vorrangige Aufgabe darin zu bestehen, uns stets das Schöpferische der Arbeit, die wir verrichten, zu vergegenwärtigen, damit wir für die Dauer unseres Lebens kreativ tätig bleiben können. Die Aufhebung des anscheinend selbstverständlichen Zusammenhangs zwischen den zu bewältigenden Pflichten und einer finanziellen Belohnung würde wahrscheinlich mehr als jeder andere politische Akt dazu beitragen, das kreative Moment zu bewahren. Die entscheidende Grundvoraussetzung dafür wäre freilich die Einführung eines Mindestlohns für alle – unabhängig vom Beitrag, den der einzelne zu leisten imstande ist. Wenn jedem einzelnen ein Minimum zur Verfügung stünde – was in den Ländern der westlichen Welt durchaus keine unrealistische Möglichkeit ist –, könnten wesentlich mehr Menschen wie Kinder, wie Künstler oder wie diejenigen, die Kathedralen aus anderen als wirtschaftlichen Erwägungen erbauten, schöpferisch tätig sein. «Unnütze» Arbeiten hätten wieder ein Anrecht, und wir wären einen Schritt weiter auf dem richtigen Weg zurück zu einer Welt der unbegrenzten Möglichkeiten für das Wirken. Mit der Aufhebung des Zusammenhangs zwischen Pflichterfüllung und Entlohnung könnten wir außerdem der bei manchen Lohnempfängern anzutreffenden Einstellung, daß der Konsum, den sie betreiben, gerechtfertigt, weil durch eigene Anstrengung erarbeitet sei, den Boden entziehen. Und wir könnten endlich eine konstruktive Debatte über alternative Kriterien für einen angemessenen Konsum beginnen. In den Dorfgemeinschaften haben die veränderten Verhältnisse allgemein eine Neigung zur Selbstbeschränkung geweckt.

Während meines Aufenthalts in Vidaråsen hatte ich ein Problem. Die mir zugeteilte Arbeit war zwar zeitraubend, aber nicht schwer. So staute sich überschüssige Energie an. Ich versuchte, sie dadurch loszuwerden, daß ich ein bißchen Jogging quer durchs Dorf betrieb. Das funktionierte nicht. Überall stieß ich auf Leute, an denen ich nicht einfach vorbeilaufen konnte. Begegnungen sind dazu da, daß man miteinander redet. Schlimmer noch: Die, die ich traf, waren gerade bei der Arbeit. Warum nicht mitanpacken, wenn ich nichts anderes zu tun hatte als müßig herumzulaufen? Ich bemühte mich, vor dem Morgengrauen draußen zu sein, aber H war schon dabei, mit einer seiner beiden Freundinnen Zwiebeln zu ernten. Eigentlich hätten sie erst nach dem Frühstück damit anfangen sollen. Auch der Landwirt und der Bäcker waren schon auf den Beinen. Die Abende waren mit kulturellen Aktivitäten ausgefüllt, und überall wimmelte es von Menschen. Die Nächte waren zum Schlafen da. So packte ich meine Jogging-Schuhe weg. Sie gehörten in ein anderes Leben.

4.4   Alles Geld in einem Topf

Manche träumen davon, daß sich die Dörfer finanziell selbst tragen. Das ist aber derzeit leider nur ein Traum. Denn wie sollten Dorfgemeinschaften mit einem so hohen Anteil atypischer Mitglieder fertigbringen, was normalen landwirtschaftlichen Nutzbetrieben nur durch hohe Staatssubventionen und normalen Anstalten und Heimen nur durch Deckung fast aller Kosten aus öffentlichen Geldern gelingt? Dennoch haben die Dörfer Modellfunktion. Wenn die Wirtschaft des Staates bankrott macht, wennn eine nationale Katastrophe droht, wären sie möglicherweise besser dran als die meisten anderen Einrichtungen. Derzeit aber sind sie nahezu völlig abhängig von den Geldmitteln, die von außerhalb kommen. Der interessante Aspekt ihrer wirtschaftlichen Basis ist daher nicht, was investiert wird, sondern wie die Investitionen genutzt werden.

Doch fangen wir zunächst bei den Investitionen selbst an: Das Geld, das in die Dörfer hineinfließt, kommt vom Staat und den Verwaltungsbezirken, aus privaten Quellen und aus dem Verkauf dessen, was in den Dörfern produziert wird. Die nachfolgenden Zahlen stammen aus Vidaråsen, aber sie gelten im Prinzip auch für die übrigen Dörfer. Der Löwenanteil des Geldes kommt vom Staat; 1988 waren das 21 Millionen norwegische Kronen (etwa 5,4 Millionen DM). Von den Gemeinden kommt fast eine weitere Million hinzu. Etwa zehn Prozent des Gesamteinkommens, also ein recht ansehnlicher Betrag, wird von den landwirtschaftlichen Betrieben und den Verkaufsläden in den Dörfern selbst erbracht. Die zur Verfügung stehenden privaten Mittel kommen häufig durch Aktionen zustande, die die Schüler der norwegischen Gymnasien durchführen. Im ersten Schulhalbjahr verwenden sie alle einen Tag für einen guten Zweck, den sie selbst bestimmen. Sie haben Gefallen an den Dörfern gefunden, darum haben sie schon oft die dort hergestellten Kerzen verkauft. Von dem Erlös sind viele der Häuser gebaut worden. Die private finanzielle Unterstützung schließlich stellt in einem Wohlfahrtsstaat eine umstrittene Lösungsmöglichkeit dar. Sollte versorgungsbedürftigen Menschen nicht in vollem Umfang vom Staat geholfen werden? Stellen die zu diesem Zweck zur Verfügung gestellten privaten Gelder nicht das erniedrigende Erbe einer Zeit dar, in der sich sämtliche wohltätigen Organisationen in privater Hand befanden? Dagegen spricht freilich, daß jährlich Tausende von jungen Leuten die Dörfer kennenlernen und ihr Wissen zum Beispiel an die Käufer der Kerzen weiterleiten. Und so manch einer dieser jungen Menschen wird schließlich selbst als Mitglied in einer solchen Dorfgemeinschaft leben.

Was die Verwendung der Gelder betrifft, so kommt dabei das Prinzip des gemeinsamen Topfes zum Tragen. Die Festsetzung der öffentlichen Gelder für die Dörfer orientiert sich an dem, was vergleichbare staatliche Institutionen bekommen. Im öffentlichen Haushaltsplan finden sich daher Amtsbezeichnungen wie «Lehrer», «Krankenschwester», «examinierte Krankenschwester», «Arzt» usw. Diese Begriffe haben jedoch in den Dörfern keinerlei Bedeutung. Daher überweisen die Dorfgemeinschaften das Geld, das die Behörden für die genannten Stellen bewilligen, auf ein gemeinsames Konto. Diejenigen, die die mit den offiziellen Ämtern verbundenen Arbeiten tatsächlich verrichten, bekommen es nie zu Gesicht.

Sie werden jedoch im jeweiligen Dorf versorgt, erhalten Unterkunft und Verpflegung sowie, falls nötig, ein Auto oder eine Eisenbahnkarte. Außerdem erhalten die jüngeren Mitglieder gegenwärtig etwa 700 Kronen im Monat. Das vereinfacht die Buchführung. Dieser Betrag ist für Blumen, Bücher oder persönliche Geschenke bestimmt. Wenn jemand mehr Geld benötigt – zum Beispiel für einen Urlaub in Griechenland, ein Seminar in Järna oder Moskau oder für ein neues Kleid –, wird die betreffende Summe dem gemeinsamen Topf entnommen. Er steht allen Mitarbeitern und Mitarbeiterinnen zur Verfügung. Ältere Leute erhalten meist weniger als 700 Kronen im Monat. Die Gefahr einer solchen Handhabung besteht sicherlich nicht darin, daß die Möglichkeit zum Mißbrauch gegeben ist, daß also der eine oder andere zuviel für den persönlichen Bedarf entnimmt. Vielmehr bereitet die Tatsache Probleme, daß zu wenig verbraucht wird, daß die meisten zögern, Geld aus dem gemeinsamen Topf zu nehmen. Die Beschränkung im Konsum wird in den Dörfern so ernsthaft betrieben, daß dadurch im täglichen Leben Entbehrungen entstehen. Der Idealfall wäre, daß man sich gegenseitig beobachtet und beispielsweise gute Freunde ermutigt, ausgediente Gebrauchsgegenstände gegen neue einzutauschen. Aber nicht alles fällt auf, und die meisten sind scheu in solchen Dingen.

Die Menschen außerhalb der Dörfer reagieren auf dieses Verfahren häufig einfach mit Ungläubigkeit. So etwas kann doch nicht funktionieren! Das muß doch zu Mißbrauch führen! Aber sprechen Sie einmal mit sehr alten Leuten in Norwegen, so alt, daß sie nicht von der staatlichen Gesundheitsfürsorge reden, sondern der «Sykekasse», einer Spardose, in die sie während der Wochen, in denen sie glücklicherweise nicht arbeitslos waren, ihren Anteil einzahlten – einen Anteil, auf den sie angewiesen waren, wenn ihre körperlichen Kräfte versagten. Der Betrag in der Krankengeldkasse wurde kameradschaftlich geteilt. Die Situation damals war also genauso wie bei den Dörfern heute, die ihr Geld im gemeinsamen Topf sparen. Das Gefühl, dasselbe Schicksal zu teilen, führte auch damals eher dazu, daß zu wenig Geld verbraucht wurde. Das Ausmaß des Konsums ist eine direkte Folge der wirtschaftlichen Organisation eines Gesellschaftssystems.

Das Geld im gemeinsamen Topf hat drei verschiedene Konsequenzen. Zunächst einmal hebt es, wie bereits geschildert, die Verbindung zwischen Arbeit und Geld auf. Die Arbeit wird davor bewahrt, in Mühsal auszuarten. Die Menschen können nach dem, was sie leisten und wie sie es leisten, beurteilt werden, nicht mehr danach, wieviel Geld ihre Leistung einbringt. Ebenso kann sich ihre eigene Selbsteinschätzung an der erbrachten Leistung orientieren. Zweitens wird die bereits erwähnte Beziehung zwischen Arbeit und Konsum aufgehoben, weil das Geld nicht mehr als Belohnung für die Arbeit fungiert und der Konsum infolgedessen nicht mehr als «verdient» betrachtet werden kann. Und drittens bestärkt das gemeinsame Geld im Topf das Dorf in seinem Zusammenhalt. Das Leben im Kollektiv kostet nicht viel, solange Beschränkung als Leitbild gilt und die Gemeinschaft nicht zu groß wird. Hinzu kommt, daß jedes Dorfmitglied nach seinen tatsächlichen Ausgaben und nicht nach dem formellen Einkommen besteuert wird. Von den 700 Kronen im Monat zahlt also jeder Steuern, einen Betrag für Unterkunft und Verpflegung im Dorf und das, was für den persönlichen Bedarf angeschafft wird.

Nach den ursprünglichen Schätzungen für den Staatsetat erhält Vidaråsen dreißig Gehälter für bezahlte Kräfte. Bei ihnen handelt es sich also im staatlichen Sinne um «Angestellte». In Wirklichkeit aber gibt es dort etwa fünfundvierzig Mitarbeiter, die ein Gehalt beziehen. Mit anderen Worten: Fünfzehn von ihnen werden aus dem Überschuß im gemeinsamen Topf bezahlt. Ähnliches gilt für die übrigen Dörfer.

Aus dem gemeinsamen Topf stammt auch das Geld für die ständige Erweiterung der Dörfer. Mit ihm werden zum Beispiel der Kauf neuer Dörfer oder die Neubauten finanziert. 1987 wurde eine Million Kronen für solche Zwecke beiseite gelegt. Fast alles davon war Überschuß aus dem gemeinsamen Topf.

Das Grundprinzip des wirtschaftlichen Lebens in den Dörfern kennt jedoch drei Ausnahmen. Die wichtigste ist bereits erwähnt worden. Alle Behinderten, die ein Anrecht auf eine staatliche Rente haben, müssen einen gewissen Teil ihrer Erwerbsunfähigkeitsentschädigung für den Privatgebrauch zurücklegen. Daher verfügen sie über eigene Bankkonten. Derzeit erhalten sie etwa 750 Kronen monatlich (Stand: 1988) und haben meist mehr Taschengeld zur Verfügung als die, die als Angestellte bezeichnet werden können und ein Gehalt nach Hause tragen.

Eine weitere Ausnahme trifft für den Fall zu, daß ein Dorfbewohner Einkünfte von außerhalb bezieht oder Mittel und Wertgegenstände aus seinem Leben vor dem Einzug im Dorf besitzt. So etwas kommt gelegentlich vor. Dann bleibt es dem oder der Betreffenden überlassen, das Eigentum zu behalten. Einer der pensionierten Mitarbeiter in Vidaråsen hat zum Beispiel ein eigenes Auto.

Personen, die außerhalb der Dörfer leben, aber dort arbeiten, stellen die dritte Ausnahme dar. Manche Dörfer beschäftigen Leute von außerhalb. So gab es in Vidaråsen einen Busfahrer, einen EDV-Experten und eine Schreibkraft, die alle aus einem nahegelegenen Ort kamen. Jøssåsen ist auf einen Chauffeur und einen Weber von außerhalb angewiesen. Aber keiner der eigentlichen Dorfbewohner erhält für seine Arbeit ein zur persönlichen Verwendung bestimmtes Gehalt.

Die täglichen Kosten für jeden einzelnen, der offiziell in Vidaråsen betreut wird, betrugen 1989 550 NKR. Ein paar Jahre früher belief sich der Betrag auf 450 NKR. Diese Kosten lassen sich mit anderen vergleichen. Hier einige Beispiele:

Tägliche Durchschnittskosten pro Patient in norwegischen Einrichtungen für geistig Behinderte	992,00 NKR
Durchschnittliche Kosten pro Patient in somatischen Kliniken 1985	2.000,00 NKR
Durchschnittliche Kosten pro Patient in psychiatrischen Kliniken 1985	1.300,00 NKR
Durchschnittliche Kosten für Häftlinge 1987	726,00 NKR
Durchschnittliche Kosten in Frauenhäusern (Verpflegung nicht inbegriffen)	215,00 NKR

Wie wir sehen, sind die Dörfer im Vergleich etwa zu Heimen für geistig Behinderte kostengünstig. Verglichen mit Krankenhäusern und Justizvollzugsanstalten erscheinen sie sogar preiswert. Und wenn wir uns für einen Augenblick an die offizielle Terminologie und Denkweise innerhalb unserer Gesellschaft halten, dann erscheinen sie extrem kostengünstig, und zwar zum einen in Anbetracht der Tatsache, daß dort eine wesentlich größere Anzahl von Personen «angestellt» sind als vom Staat tatsächlich bezahlt werden, und zum anderen im Hinblick darauf, daß auf der Grundlage besagter 550 NKR pro Tag eine Reihe von Zusatzgebäuden wie Theatersäle, Cafeterias und Werkstätten errichtet werden. In allen gesellschaftlichen oder privaten Institutionen stellen die Gehälter den Hauptanteil der Ausgaben dar. Normalerweise werden sie für den Privatkonsum verwendet oder außerhalb der betreffenden Einrichtung investiert. In den Dorfgemeinschaften aber werden die «Gehälter» meist in das System selbst investiert und dienen dem Wohl der Allgemeinheit.

5
Der Rhythmus

Das Aufwachen geht in den Dörfern recht sanft vor sich. Oft geht jemand im Haus herum und spielt Flöte; manchmal werden auch andere Instrumente benutzt. Den meisten genügt das; nur einige wenige benötigen eine direktere Aufforderung. Aber es bestehen gewisse Anreize, um halb acht fertig zu sein. Im Wohnzimmer brennt eine Kerze; es wird ein Gedicht vorgelesen und ein Lied gesungen, und dann gibt es Frühstück.

Die Mahlzeiten haben einen eigenen Rhythmus. Meist sind alle Hausbewohner um einen einzigen Tisch versammelt. Für das Essen wird ein Segensgebet gesprochen – häufig mit folgendem Wortlaut:

> Erde, die uns diese Nahrung gab,
> Sonne, die sie reifen ließ,
> Liebe Erde!
> Liebe Sonne!
> Wir leben von euch,
> darum lieben und danken wir euch.

Dann fassen sich alle Anwesenden bei den Händen und sagen: «Gesegnete Mahlzeit!»

Für die, die aus der Welt draußen kommen, ist das ein befremdlicher Vorgang. Besucher blicken daher meist scheu um sich. Für uns Außenstehende beinhaltet das Glaubenssystem der Dörfer ein Dilemma. Inwieweit kann man einen Segen für unbekannte Kräfte aussprechen? Für mich ist inzwischen jedoch die Teilnahme an rituellen Handlungen im Zusammenhang mit dem Essen durchaus vertretbar. Mehr noch: Ein solcher Morgen ist ein guter Morgen.

Meist beginnt das Essen erst, wenn alle um den Tisch sitzen. Die Kerze und das Händehalten – das sind nicht nur Dinge, die dazu anspornen, pünktlich dazusein; sie sind auch ein verbindendes Element. Die gemeinsame Mahlzeit und die gemeinsame Danksagung danach stehen in wohltuendem Gegensatz zu den hastigen Mahlzeiten der Welt draußen, die so oft keinen gemeinsamen Anfang, keinen Mittelpunkt und kein gemeinsames Ende kennen.

Um 8.25 Uhr läutet eine Glocke: Es ist Zeit, das Haus zu verlassen. Die Arbeit beginnt um 9 Uhr, mit Ausnahme der Bäckerei und des Bauernhofs, die sehr viel früher anfangen. Während der Arbeit wiederholt sich der Rhythmus des Frühstücks. Man kommt vor Arbeitsbeginn zusammen, um vielleicht ein Lied zu singen; dann folgen ein bis zwei Stunden Arbeit, danach ist eine Pause, in der Tee getrunken wird und oft einer aus der Gruppe den anderen ein Kapitel aus einem Buch vorliest, und schließlich, wenn der erste Teil des Arbeitstages um halb eins vorüber ist, verabschieden sich alle voneinander.

Dann folgt die Mittagspause. Im heutigen Norwegisch bezeichnet das Wort «middag» – Mittag – die Hauptmahlzeit, und zwar unabhängig von der Uhrzeit, zu der sie eingenommen wird. In den Dörfern hat dieser Begriff jedoch seine ursprüngliche Bedeutung wiedererlangt. Dort bezeichnet «middag» einerseits tatsächlich die Mitte des Tages und andererseits die Hauptmahlzeit, die aus einem warmen Essen besteht. Und genauso wie früher ist die daran anschließende Mittagspause recht lang – vergleichbar etwa der Siesta in südlichen Ländern. Man hat nicht nur Zeit fürs Essen, sondern auch fürs Ausruhen. Häufig gibt es dann noch im Wohnzimmer Kaffee und Kuchen.

Die Nachmittagsschicht, die von halb drei bis halb sechs dauert, hat einen ähnlichen Ablauf wie die Vormittagsschicht. Viele setzen ihre Arbeit an dem Ort fort, an dem sie auch schon morgens gearbeitet haben. Manche dagegen wechseln; so sind zum Beispiel diejenigen, die am Vormittag im Haushalt gearbeitet haben, nun in den Werkstätten beschäftigt. Andere begeben sich zu verschiedenen Unterrichtsmaßnahmen, zum Beispiel zum Leseunterricht oder zu

Orchesterproben, und wieder andere sind in der Stadt beim Zahnarzt usw. Um fünf Uhr läutet die Abendglocke; die Arbeit ist beendet, alle gehen zum Abendessen nach Hause.

Die Aktivitäten sind indes noch nicht zu Ende. Fast jeden Abend findet in den Dorfgemeinschaften eine Reihe von Veranstaltungen statt, und zwar meist im größten Raum oder Saal, den das Dorf zu bieten hat. Und auch hier bestimmt ein ähnlicher Rhythmus das Programm. Meist herrscht zu Beginn der Veranstaltung Schweigen, und an ihrem Ende steht ein Lied oder Musikstück. Anfang und Ende sind also deutlich gekennzeichnet. Oft versammeln sich kleinere Gruppen im Kreis; zwischen den einzelnen Stühlen stehen keine Tische. Auch die Vortragsredner in den Sälen sind ihren Zuhörern oft ohne den Schutz eines dazwischenstehenden Tisches ausgeliefert.

Die Wochentage in den Camphill-Dörfern sind wie kleine Räder, die alle einander ähneln. Jeder einzelne beginnt mit dem Frühstück, das gemeinsam angefangen und beendet wird. Dann folgen die Vormittagsarbeit, das Mittagessen, die Nachmittagsarbeit, das Abendessen und die Veranstaltungen am Abend. An einem normalen Werktag finden sechs solcher kreisförmigen, gleichartigen Begegnungen zwischen den Dorfbewohnern statt. Die Arbeitswoche hat in den Dörfern sechs Tage, die alle gleich strukturiert sind. Samstags wird dort nämlich gearbeitet – eine bewußte Entscheidung, wie wir bald sehen werden.

5.2   Der Höhepunkt der Woche

Die Samstagabende sind etwas Besonderes.

Viele, aber nicht alle Mitarbeiter der Dörfer sind Anthroposophen. Es ist leichter zusammenzufassen, was dieses Anschauungs- und Lehrgebäude nicht ist, als zu erklären, was es ist. Um es kurz zu sagen: Die Anthroposophie ist nicht ein kompliziertes dogmatisches System, das sich irgendwie im Widerspruch zu den wichtigsten Elementen des Christentums befindet. In den Dörfern gibt es zum Beispiel Gottesdienste, die den christlichen sehr ähnlich sind, meist aber von Personen gehalten werden, die keinen Beruf daraus machen. Des weiteren hegen die Anthroposophen den Glauben an die Reinkarnation und daran, daß das Schicksal eines jeden von uns durch die Taten während früherer Verkörperungen bestimmt und durch die Entwicklung neuer Möglichkeiten im derzeitigen Leben gefördert wird, obwohl wir uns bis zum äußersten anstrengen müssen, um diese Entwicklung vorantreiben zu können.

Diese knappe Darstellung wird die Anthroposophen nicht zufriedenstellen, aber das ist ja auch nicht mein Ziel. Vielmehr geht es mir darum, zu erläutern, warum die Samstagabende in den Dorfgemeinschaften so wohltuend sind. Ich möchte vor allem mir selbst, einem Ungläubigen, eine Erklärung dafür geben.

Die Samstagabende sind also die besten Abende der Woche. Schon etliche Tage zuvor sind möglicherweise Einladungen unterwegs, diesen besonderen Abend als Gast einer bestimmten Hausgemeinschaft zu verbringen. Oft sind es sogar mehrere Einladungen zur gleichen Zeit. Dann muß man viel Fingerspitzengefühl aufbringen, um nicht diejenigen vor den Kopf zu stoßen, die mit ihrem Angebot zu spät dran sind.

Schließlich ist der Abend gekommen. Offiziell heißt er «Bibelabend». Das erste Mal habe ich drei Fehler begangen. Erstens hatte ich mich nicht gut angezogen. Alle anderen hatten das getan. Zweitens versuchte ich, vorher ein Gespräch in Gang zu bringen. Üblich ist jedoch ein Beisammensein in feierlichem Schweigen. Und drittens hatte ich keine Bibel mitgebracht. Aber noch aus ganz anderen Gründen ist mir dieser Abend – neben vielen anderen – unvergeßlich: zum Beispiel wegen der Stille am Anfang. Da saßen zwölf Menschen wortlos beisammen. Selbst diejenigen unter ihnen, die im Alltag durch die eigentümliche Art ihrer Körperbewegungen auffielen, saßen nun ganz still und stumm. Niemand sagte ein Wort, weder die, deren Zungen oft flinker als die Gedanken waren, noch jene, die den Eindruck erweckten, ihre verborgenen Erkenntnisse nicht in Worte fassen zu können. Im Schweigen wurden wir alle gleich.

Danach wurde der Bibeltext für den Gottesdienst des folgenden Tages vorgelesen und gemeinsam besprochen. Auch dieses Gespräch hatte etwas Verbindendes an sich; es war ein Gespräch unter Gleichen. Unter den Anwesenden gab es keine Bibelexperten. Aber was sind eigentlich Experten? Wenn man daran glaubt, daß dem Körper eine Seele innewohnt und daß diese Seele aus einer fernen Vergangenheit stammt, dann ist es gar nicht mehr so einleuchtend, warum man dem einen Träger einer solchen Seele mehr zuhören sollte als einem anderen. Und die Bibel ist ohnehin eine Fundgrube verschieden interpretierbarer Dinge. Vor dem Gespräch fand noch eine leichte Mahlzeit statt, danach allseitiges Abschiednehmen, und der beste aller Abende war vorüber.

Auch die Sonntage sind etwas Besonderes. Die überwiegende Mehrheit der Dorfbewohner versammelt sich zum Gottesdienst. Soweit ich feststellen konnte, wird auf niemanden besonderer Druck ausgeübt, daran teilzunehmen; die Teilnahme ist vielmehr so etwas wie eine Selbstverständlichkeit. Während des Gottesdienstes wird musiziert und gesungen. Meist gehören derjenige, der die Handlung zelebriert, wie auch seine Ministranten zu den Mitarbeitern des Dorfes. Dies ist die einzige Situation, in der erkennbar wird, daß in der Dorfgemeinschaft eine verborgene Hierarchie besteht. Wenn die Gläubigen im Gottesdienst aufstehen, um das Sakrament zu empfangen, zeigen sich für den Gast im Dorf der enge Zusammenhang und die Geschlossenheit der Gemeinschaft besonders deutlich. Ich habe meine gemischten Gefühle diesem Ritual gegenüber bewahrt, indem ich den Gottesdienst aus meinem Sonntagsprogramm ausgeschlossen habe. Die Sonntagnachmittage eigneten sich gut für gemeinsame Spaziergänge; an den Abenden fanden häufig Konzerte oder Vorträge statt.

Die Samstage und Sonntage in den Dörfern vermitteln eine Art Gipfelerlebnis der Woche. Andere Tage vermitteln zum Beispiel das Gefühl, zum Höhepunkt der jeweiligen Jahreszeit oder des ganzen Jahres zu gelangen. Es gibt viele solcher Höhepunkte. Nachfolgend die wichtigsten:

Silvester (Zusammenkunft der Dorfbewohner um Mitternacht)

Karneval (Ein großer Festtag im Dorf; sein Name wird im Volksmund als «Fleisch, lebe wohl» gedeutet.)

Fastenzeit (Vermeidung unmäßigen Essens)

Ostern (Aufführung eines oder mehrerer Theaterstücke)

Pfingsten (Theateraufführungen)

Sommersonnenwende (Veranstaltung eines großen Festes zur Feier des langen nordischen Tags sowie Aufführung eines Theaterstücks)

Advent (Das Wort bedeutet «Ankunft» und bezeichnet die Zeitspanne des Wartens auf die Ankunft Christi, die mit den Kindern immer sehr feierlich begangen wird. In jeder Woche wird eine Kerze mehr angezündet. Am letzten Sonntag im Advent tragen dann alle ihren inzwischen vertrockneten Blumen- oder Tannenschmuck hinaus, um ihn gemeinsam zu verbrennen. Das große Feuer wird an derselben Stelle angezündet, an der auch das Feuer zur Mittsommernacht gebrannt hat. Es ist jetzt dunkel und kalt – und noch ein halbes Jahr bis zur Sommersonnenwende.)

Weihnachten (Veranstaltung verschiedener Feierlichkeiten und Aufführung mehrerer Theaterstücke)

All diese Feste stehen sowohl den Leuten aus der unmittelbaren Nachbarschaft als auch denen aus größerer Entfernung offen. Konzerte werden oft in den Zeitungen angekündigt, und an den «Tagen der offenen Tür» kommen Tausende von Besuchern.

Es gibt noch ein anderes Rad in den Dörfern, nämlich das des individuellen Lebens. Jeder Tag, an dem ein Kind getauft wird, ist in den Dörfern ein großer Tag. Auch Geburtstage, Konfirmationen und Hochzeiten werden immer gebührend gefeiert. Kürzlich hat das Rad des Lebens seine äußere Vollendung gefunden: In Vidaråsen wurde ein Friedhof gebaut. Die Durchführung war nicht einfach und wurde Schritt für Schritt in einem Tagebuch dokumentiert. Zweiunddreißig Versammlungen waren im ganzen nötig: mit den städtischen und den staatlichen Behörden, mit den Behörden des Regierungsbezirks, mit Pfarrern und mit Bischöfen. Immer wieder mußte das Gelände besichtigt werden. Unzählige Tassen Kaffee wurden getrunken, und unzählige Male demonstrierte der zuständige Gartenbaufachmann unter Beteuerungen, wie die Grünanlage gestaltet werden solle. Danach errang Vidaråsen endlich den Sieg: Das Dorf erhielt die offizielle Erlaubnis, seine Toten auf einem Gelände direkt hinter dem Gebäude, in dem die Gottesdienste stattfinden, zu begraben. So ist der Kreislauf des Lebens dort nun vollständig symbolisiert. Die Zahl der Geburten ist in Vidaråsen recht hoch; eine Amme wohnte längere Zeit im Dorf; weitere kommen auf Anfrage. Die alten Menschen bleiben. Eines der Häuser soll demnächst so umgebaut werden, daß Behinderte dort speziell versorgt werden können. Wahrscheinlich wird es in Zukunft auch als Pflegeheim für die gesamte Umgebung fungieren. Und jetzt gibt es noch einen Friedhof. Der Kreis ist vollkommen.

5.4   Zwei Arten von Zeit

Für ein besseres Verständnis des zuvor Gesagten sind vielleicht die beiden traditionellen Auffassungen der Zeit, die zyklische und die lineare Zeit, hilfreich.

Der ältere Begriff der zyklischen Zeit bezeichnet das Maß der Zeit etwa durch das Kommen und Gehen der Flut, der einzelnen Tage, der Monate, der Menstruation, der Jahreszeiten und der verschiedenen Abschnitte des menschlichen Lebens. Die zyklische Zeit hat also etwas mit Wiederholung zu tun: Im nächsten Frühjahr kehren die Schwalben wieder zurück, im nächsten Herbst sind die Früchte reif. Sie bezieht sich auf wichtige Anlässe und weist von diesem Punkt einerseits in die Vergangenheit zurück und andererseits in die Zukunft voraus. Sie lenkt also unseren Blick in beide Richtungen, sowohl vorwärts in die Zukunft, auf die sie sich zubewegt, als auch rückwärts, so daß das Vergangene in neuem Licht erscheint. Genau das macht es uns möglicherweise leichter, unseren derzeitigen Standpunkt im Leben zu begreifen, nämlich irgendwo zwischen Anfang und Ende, mit dem Ausblick auf beide Seiten.

Die lineare Zeit, deren Sinnbild zum Beipiel die Digitaluhr ist, hat ganz andere Merkmale. Sie schreitet gleichmäßig auf die Unendlichkeit zu. Jede Sekunde wird durch eine neue Ziffer angezeigt, und im gleichen Moment ist die vorhergehende verschwunden. Dadurch erscheint die Zeit als in winzige gleiche Teile zerstückelt. Sie kommt aus der Unendlichkeit und bewegt sich darauf zu. Manchmal wird behauptet, daß die lineare Zeit der Perspektive des Mannes entspreche, während die zyklische Zeit als «weiblich» gilt.

Die lineare Zeit, die unseren Blick in die Zukunft lenkt, verleitet uns möglicherweise dazu, die Geschichte zu mißachten. Dadurch entsteht die Neigung, zu sehr in der Zukunft zu leben. Dann zählt nicht das Heute, sondern das Morgen. Der so ausgerichtete Mensch investiert in die Gegenwart – und schiebt jede Art von Befriedigung auf –, um irgendwann in der Zukunft die Früchte seines Tuns ernten zu können. Das ist die Lebensweise des fleißigen Kapitalisten, die sich in der Funktionsweise der Digitaluhr eindringlich symbolisiert. Damit sie funktioniert, muß man sich neue Batterien kaufen und die alten entsorgen. Die Zeit ist kostbar. Sie ist genau das, was Benjamin Franklin einmal von ihr gesagt hat: Sie ist Geld. Diese Sichtweise hat heute Vorrang. Sie ist eine Folge der direkten Anpassung an die lineare Zeit.

Es ist offensichtlich, daß die Dorfgemeinschaften tief in der zyklischen Zeit verwurzelt sind. Das verdeutlichen schon die kleinen Räder der einzelnen Wochentage. Sowohl die Tage selbst mit ihrem stets gleichen Ablauf als auch die kleinen Höhepunkte am Wochenende und die herausragenden Ereignisse der großen Feste wiederholen sich ständig. Die Dorfbewohner sind einerseits fest mit der Vergangenheit verbunden, in die sie so oft zurückkehren, andererseits bereiten sie sich aber auch auf die Zukunft vor, die ihnen ebenso vertraut ist. Als ich nach der Theateraufführung zu Ostern den großen Saal verließ, hörte ich, wie die tatkräftige Regisseurin des Stücks ein paar Umstehenden die Anweisung zuflüsterte, daß sie nächste Woche an den Vorbereitungen für die geplante Pfingstaufführung teilnehmen müßten.

5.5 Freizeit

Seit langem habe ich die Angewohnheit, andere zu fragen, was sie denn tun, wenn sie nicht arbeiten, was sie also in ihrer «Freizeit» tun. Ich stelle diese Frage nicht, um detailliert Auskunft zu bekommen, sondern weil ich die allgemeineren Vorstellungen kennenlernen möchte, die andere mit dem Begriff der Freizeit verbinden. Dabei zeichnet sich deutlich ein Gegensatz ab, der sich im unterschiedlichen Gebrauch der Wörter «Freizeit», «Ferien» und «Feierabend» widerspiegelt.

Die meisten machen auf irgendeine Art Freizeit. Diese Zeit ist für sie oft nur als Negation von Arbeit definiert: «Ich arbeite nicht, ich habe frei, ich ruhe mich aus, gammele herum, lasse alles auf mich zukommen.» Ein kleinerer Teil sagt: «Ich mache Ferien», oder: «Ich habe Feierabend», wobei der Begriff «Feierabend» meist nur eine leere Worthülse ist. Niemand aber kommt auf die Idee zu sagen: «Ich habe frei, um zu feiern.»

Hören wir einmal auf die Botschaft, die hinter den verschiedenen Formulierungen steckt.

Im Begriff Freizeit schwingt die Bedeutung von leerer, das heißt unausgefüllter Zeit mit. Die Freizeit ist eine Zeit ohne Inhalt. Das verdeutlicht sich etwa an dem reichen Adligen des 19. Jahrhunderts, der nicht zu arbeiten brauchte und daher über viel freie Zeit verfügte, aber immerhin so gebildet war, daß er die Muße mit kulturellen oder erholsamen Aktivitäten zu füllen wußte. Sein Beispiel veranschaulicht zugleich, daß es oft nicht nur viel Zeit, sondern auch viel Geld und einen gewissen Leidensweg durch die verschiedenen Stationen einer langen Ausbildung kostet, um mit der Situation, viel freie Zeit zu haben, fertigzuwerden. Die Freizeit ist also eine Art von Flucht, die Flucht vor der Mühsal der Arbeit.

Im Begriff Ferien steckt jedoch ein positiverer Sinn. Vielen ist heute nicht mehr bewußt, daß dieses Wort von seinem Ursprung her in engem Zusammenhang mit dem Wort «feiern» steht. Früher wurde die Freizeit nicht als freie Zeit verstanden, sondern als Zeit zum Feiern von Festen wie Weihnachten, Ostern, Mittsommernacht oder wichtigen Tagen im individuellen Lebensablauf. Die Arbeit mußte warten, bis die Feier von Christi Geburt oder die im kleineren Rahmen stattfindenden familiären Feiern vorüber waren. Häufig kostete es auch gewisse Anstrengung, das Werk, das man gerade verrichtete, für die Zeit der Feiern im Stich zu lassen. Der norwegische Maler Edvard Munch hat einmal geschildert, was für eine Verzweiflung er empfand, als er seine Schwester zum Kaffee besuchen sollte. Ständig wurde er von dem Gedanken gequält, welche Meisterwerke er hätte vollenden können, wenn er nicht verpflichtet gewesen wäre, am Familientreffen teilzunehmen.

Wenn prominente Menschen unserer Gesellschaft sich ihrem fünfzigsten, sechzigsten oder siebzigsten Geburtstag nähern, kommt es vor, daß sie den entsprechenden Medien untersagen, das Ereignis in irgendeiner Form zu erwähnen. Mittlerweile wird dies sogar systematisch praktiziert. Es besteht die Möglichkeit, sich die Vermeidung öffentlichen Aufsehens zu erkaufen. So kann man etwa der nationalen Nachrichtenagentur in Norwegen einen kleinen Betrag dafür zahlen, daß sie an alle Zeitungen, Rundfunk- und Fernsehsender die Mitteilung ausgibt, die betreffende Person wünsche, unerwähnt zu bleiben. Viele sind auch an solchen Festtagen gar nicht daheim, sondern verlassen die Stadt. Und auch an dem letzten besonderen Tag im Leben eines Menschen, dem Begräbnis, ist der Betreffende meist im engsten Familienkreis allein. Die Ankündigung eines Todesfalls enthält oft die Mitteilung, daß Blumen oder Kränze nicht erwünscht sind oder daß die Beerdigung bereits stattgefunden hat. Wie anders war doch die Situation zu Zeiten Christians IV.! Der dänisch-norwegische König starb 1648 und mußte zehn Monate lang unbeerdigt in seinem Sarg ausharren, bis die Vorbereitungen zu der einem so großen Herrscher gebührenden Begräbnisfeier abgeschlossen waren.

Und warum feiern wir nicht? Weil es nichts zu feiern gibt. Und warum gibt es nichts zu feiern? Weil es keinen Anlaß gibt, uns zusammenzufinden. Festlichkeiten gedeihen auf dem fruchtbaren Boden der sozialen Interaktion; das Feiern stimuliert zwar die Interaktion, dennoch fängt mit ihr das Feiern überhaupt erst an.

Menschen, die etwas gemeinsam haben, etwas, das sie miteinander verbindet, feiern Feste. Sie können damit eine Zeitlang auf der Basis alter Gewohnheiten fortfahren, aber dann beginnen die Traditionen plötzlich zu verblassen. Immer häufiger sind manche infolge von Krankheit abwesend; oder die Verwandten wünschen keine Aufmerksamkeit und dergleichen mehr. Das Leben in den Dorfgemeinschaften dagegen besteht aus einer großen Zahl von Rädern, die alle ineinandergreifen. Da gibt es Anfang und Ende und vielleicht wieder einen Neuanfang. Der Kreis ist vollkommen.

5.6   Eine Revolte

Vor ein paar Jahren fand in Vidaråsen ein Aufstand statt. Das Dorf hatte den Versuch unternommen, einige Neuerungen einzuführen. Überall sonst war die Organisation des täglichen Lebens den Erfordernissen der modernen Zeit angepaßt: schnell, leistungsfähig, konzentriert. Die lange Mittagspause im Dorf erschien nicht mehr zeitgemäß. Also sollte es keine Siesta mehr geben. Die Produktionsmittel einer industrialisierten Gesellschaft können nicht stundenlang – und dazu noch mitten am Tag – stillstehen. Und wenn das, was man tut, eben nur Arbeit und kein kreativer Vorgang ist, hat jeder das Interesse, es in einer einzigen geballten Anstrengung zu beenden, damit das eigentliche Leben, die Freizeit, beginnen kann. In Vidaråsen argumentierte man, daß durch die Kürzung der langen Mittagspause nachmittags und abends mehr Zeit für kreative Beschäftigungen im Bereich des kulturellen Lebens zur Verfügung stünde. Also wurde die Mittagspause um die Hälfte gekürzt, und alle gingen nachmittags eine Stunde früher nach Hause.

Diese Neuerung dauerte von den Sommermonaten bis Weihnachten. Dann brach der Sturm los. Bei einer Dorfversammlung erhoben einige – zumeist als schwerbehindert geltende – Bewohner die Forderung, die alte Zeiteinteilung wieder einzuführen. Sie meldeten zwei Beschwerden gegen die neue Einteilung an. Erstens sei die Arbeit so hektisch. Die Freude an der Arbeit gehe verloren. Zweitens, und das war augenscheinlich der springende Punkt, sei es plötzlich so schwierig geworden, andere Bewohner des Dorfes zu treffen, insbesondere jene, die als nicht behindert gelten. Kurz nach dem Ende der Arbeit seien sie wie vom Erdboden verschluckt.

Natürlich waren sie das. Der neue Rhythmus entsprach genau dem Leben der modernen Industriegesellschaft, und die Menschen paßten sich den neuen Möglichkeiten an, die er ihnen bot. Die Arbeit wurde zur Mühsal, die Zeit ohne Mühsal hatte keinen Inhalt und mußte mit den persönlichen Interessen ausgefüllt werden. Also setzte ein Prozeß der Verschanzung im Privatleben ein. Man las und unternahm einsame Spaziergänge oder Besuche außerhalb – durchaus wichtige und wertvolle Beschäftigungen, die in der Gesellschaft allgemein als selbstverständlich gelten. Das Leben in den Dörfern wurde also dem Leben in der normalen Gesellschaft immer ähnlicher. Der Gewinn daraus war zwar beabsichtigt, nicht aber der Preis, den er kostete: die Einsamkeit derer, die nicht für die Lebensweise der industrialisierten Gesellschaft geschaffen sind.

Wie so oft ist auch hier das, was in den Dörfern geschah, eine Illustration dessen, was sich in der Gesellschaft insgesamt abspielt. Die Strukturierung der Zeit ist ein Ergebnis von Macht. Die Verkürzung der Arbeitszeit vermittelt denen, die die meiste Anpassungsfähigkeit besitzen, einen doppelten Gewinn. Mit dem Hinweis auf die starke Inanspruchnahme durch die Arbeit können wir vielen Verpflichtungen in anderen Lebensbereichen entkommen. Dazu gibt es noch lange Ferien- und Urlaubszeiten, die die Möglichkeit bieten, völlig unterzutauchen. Samstags, sonntags und während der Ferien verschwindet ein Großteil der Privilegierten in irgendwelchen Verstecken. Zu Hause bleiben lediglich die ganz Alten, die Kranken, die Behinderten und junge Leute, die sich nicht von den für sie wichtigsten Menschen, ihren Altersgenossen, trennen möchten. Eine revolutionäre Sozialreform bestünde darin, alle langen Ferienzeiten abzuschaffen und die Samstagsarbeit wieder einzuführen, gleichzeitig aber auch die tägliche Stundenzahl für die bezahlte Arbeit zu verringern. Ein Vier- bis Fünfstundentag sechs Tage die Woche, fünfzig Wochen im Jahr wäre für die Alten und alle Menschen, die nicht der Normalität entsprechen, ein viel größerer Gewinn als jede andere erdenkliche Reform.

So hatte Vidaråsen also seinen Aufstand. Es wurde vereinbart, zur alten Zeiteinteilung mit der langen Mittagspause zurückzukehren, und zwar zunächst für eine Probezeit von einem Jahr. Inzwischen sind mehrere Jahre vergangen, und mir ist kein Vorschlag im Hinblick auf neuerliche Modernisierungsversuche zu Ohren gekommen. Aber immer noch treffe ich Dorfbewohner, die von der tristen Zeitspanne erzählen, in der die Arbeit zur Plackerei wurde.

Auch der arbeitsfreie Samstag stellte einen solchen Modernisierungsversuch dar. Wieder schien die Sachlage klar. Überall sonst waren die Samstage Freizeit – warum dann nicht auch im Dorf? Doch für das Leben dort brachte der arbeitsfreie Samstag Probleme mit sich. Die Häuser waren im Grunde schon sauber, wenn es Samstag wurde, denn beim Putzen handelt es sich ja um eine Arbeit, die während der übrigen Wochentage von bestimmten Dorfmitgliedern verrichtet wird. Das andere in einer Gesellschaft wie der unsrigen gängige Mittel gegen die leere Zeit, das Einkaufen, steht in den Dörfern, in denen der Privatbesitz nur geringen Stellenwert einnimmt, kaum zur Debatte. So empfanden viele Dorfbewohner die Samstagvormittage als leer. Für sie war es eine Erleichterung, als wieder eingeführt wurde, bis Samstag mittag zu arbeiten.

6
Das kulturelle Dorfleben

6.1 Leitgedanken

Fünf Grundideen werden in diesen Dörfern immer wieder zum Ausdruck gebracht. Erstens ist dort die Vorstellung eines aktiven Kommunismus – nicht in der Theorie, sondern in der Praxis des täglichen Lebens – bestimmend. In engem Zusammenhang damit steht die Idee der gemeinschaftlichen Lebensführung. An dritter Stelle folgt das Prinzip der Reinkarnation und an vierter die Bedeutsamkeit dessen, was man vielleicht als geistige Weiterentwicklung bezeichnen kann. Besonderer Nachdruck liegt dabei auf der Idee eines lebenslangen Studiums. Vom fünften Grundgedanken wird an späterer Stelle zu sprechen sein.

Der Kommunismus, von dem hier die Rede ist, ist eine Art von «Urkommunismus» und gründet auf Gedanken, die Rudolf Steiner 1905 formuliert hat. Die Kernsätze lauten etwa wie folgt:

Das Wohl einer Gruppe von Menschen, die zusammenarbeiten, wird um so mehr gefördert, je weniger der einzelne den Ertrag seiner Arbeit für sich selbst beansprucht. Je mehr also der einzelne in seinem Schaffensprozeß auf seine Mitmenschen ausgerichtet ist, desto eher wird auch sein eigener Bedarf durch die Arbeit der anderen, nicht mehr durch seine eigene, gedeckt.

Das ist der Grundgedanke, der sowohl hinter dem Prinzip «Alles Geld in einem Topf» als auch hinter der Tatsache steht, daß die Dorfmitglieder alles miteinander teilen.

Die Idee einer gemeinschaftlichen Lebensführung basiert auf einer historischen Tradition, die weit in die Vergangenheit zurückreicht. Karl König, der Begründer der Camphill-Dörfer, hat sie bis zu einer Schrift aus dem Jahr 1610 zurückverfolgt. Sie befaßt sich mit den Gemeinschaften religiöser Brüder, dem Rosenkreuzer-Orden, aber genausogut könnte man bis zu den ältesten christlichen Gemeinschaften zurückgehen. König bringt die Idee des Gemeinschaftslebens vor allem mit folgenden vier großen Denkern und Reformern in Verbindung:

Johann Amos Comenius (1592-1670)
Nikolaus Ludwig Graf von Zinzendorf (1700-1760)
Robert Owen (1771-1858)
Rudolf Steiner (1861-1925)

Comenius, ein für seine pädagogischen Ideen berühmter Bischof der Böhmischen Brüder, war mit seiner Lehre lange Zeit für den gesamten europäischen Raum bestimmend. Zinzendorf führte das Werk des Comenius fort und bildete überall in Europa Gemeinden und Brüderschaften. Zusammen stellten diese beiden Denker und Reformer eine tiefe Unterströmung des alternativen Christentums dar, die Zielscheibe einer fortwährenden Überwachung und Kritik durch den Papst war. Die Angriffe hatten jedoch lediglich zur Folge, daß neue Formen des Zusammenlebens entstanden, in denen die Idee einer gemeinschaftlichen Lebensführung, die Aufteilung der verfügbaren Mittel unter den Mitgliedern der Gemeinschaft und das Fortbestehen konfessioneller Unterschiede im Mittelpunkt standen.

Robert Owen gilt allgemein als Begründer der sozialistischen Tradition Großbritanniens. Er selbst war zwar industrieller Unternehmer, besaß aber sehr genaue Vorstellungen darüber, wie die Übel dieser Wirtschaftsform zu bekämpfen sind. Seine eigenen Betriebe nahmen Modellcharakter an und genossen eine Zeitlang überall hohes Ansehen. Später jedoch wandten sich die politisch Einflußreichen in England und anderswo gegen Owen, und er schloß sich der Labour-Partei an, obgleich seine Einstellung ihr gegenüber stets zwiespältig blieb. 1821 trat er mit seinen utopischen Leitideen hinsichtlich der Gründung von bäuerlichen und industriellen Gemeinschaftssiedlungen hervor. Sowohl in Großbritannien als auch in den

Vereinigten Staaten entstanden einige solcher Siedlungen. Was sie leisteten, hat Rudeng 1980 beschrieben, und an seiner Darstellung fällt die Ähnlichkeit zu den Camphill-Dörfern unmittelbar ins Auge:

«[...]es entstand zum Beispiel eine radikale politische Kultur, die alternative Gemeinschaftshäuser (sogenannte ‹Wissenschaftskollegien›), Zeitschriften, Liederbücher und Hochzeitszeremonien einschloß. Es wurden Feste gefeiert, auf denen man nicht nur tanzte und Tee trank, sondern auch umfassende physikalische und chemische Experimente durchführte. Naturwissenschaft und Technik hatten besondere Bedeutung. Schuhmacher und andere Handwerker innerhalb der Bewegung verfaßten ganze Bücher über die in sozialer Hinsicht vertretbaren Wege der Anwendung neuer Techniken und über die praktischen Möglichkeiten der Organisation von Produktions- und Lebensgemeinschaften. Auch die Grundgedanken des biodynamischen Landbaus und der Ökologie wurden bereits vorweggenommen – ebenso Überlegungen zur Nutzung der Energie aus Wind, Sonne und Gezeiten.»

Bei der dritten Grundidee handelt es sich um die Überzeugung, daß der physische Leib nur vorläufiger Träger eines sehr viel dauerhafteren Elements, des menschlichen Geistes, ist. Ein seltsamer Gedanke in unserer Zeit. Doch nicht der Gedanke ist seltsam, sondern die Zeit. Denn der Glaube an die Reinkarnation begegnet uns in vielen Kulturen und hat interessante Auswirkungen auf das gesellschaftliche Miteinander, insbesondere dann, wenn viele außergewöhnliche Menschen zusammenleben. Einige von ihnen zeigen vielleicht ein Verhalten, das die übrigen irritiert; andere brechen möglicherweise sogar ganz mit gängigen Verhaltensnormen oder verursachen allein durch ihren Anblick Unbehagen, denn manche Gesichter sehen auf den ersten Blick ziemlich abstoßend oder zumindest unästhetisch aus. Für diejenigen jedoch, die den Betreffenden nahestehen, werden solche Einzelheiten kaum noch von Bedeutung sein. Der Glaube an die Reinkarnation gibt einen Anstoß, in diese Richtung zu denken. Er erinnert nämlich daran, daß der Körper nichts als eine

Hülle ist. In ihr verbirgt sich eine unsterbliche Seele, die vielleicht schon bald einen anderen Leib bewohnen wird. Wenn sich also die Frage stellt, ob man das Prinzip der Reinkarnation akzeptiert oder verwirft, so werden wohl seine Befürworter im Hinblick auf ihre Beziehungen zu Mitmenschen, die anders sind, im Vorteil sein.

Der vierte allgemeine Leitgedanke ist der Glauben an die Wichtigkeit des Studiums und der ständigen geistigen Beschäftigung. Die Dörfer, in denen so viele weder lesen noch schreiben können, sind im Grunde genommen sehr stark «intellektuell» ausgerichtet. Ganz gleich wann und wohin man kommt, immer stößt man auf irgendwelche Arbeitskreise, Seminare, Kurse oder Vorträge. Diejenigen, die in ihren Bewegungsmöglichkeiten nicht eingeschränkt sind, unternehmen ausgedehnte Reisen zu anderen Bildungsstätten, was meistens heißt: zu anderen Dörfern, manchmal aber auch zu nationalen oder internationalen Konferenzen, die innerhalb oder außerhalb der Dörfer stattfinden. Vidaråsen zum Beispiel ist ständig Gastgeber für Seminare im Bereich der Medizin oder Wirtschaft und veranstaltet Musik- und Tanz-Festivals. Bei meinen Aufenthalten oder Besuchen in den Dörfern fällt mir immer wieder zu meiner Überraschung auf, daß ich mich dort unter erheblich mehr «Intellektuellen» befinde als an jeder Universität, die ich kenne. Die Dörfer sind von Wißbegier, von einem unstillbaren Drang zur Wissenserweiterung und der Bereitschaft erfüllt, für diesen Zweck Opfer zu bringen. Jeder Bewohner findet dort das ihm entsprechende kulturelle Programm, und zwar nicht nur an einem einzigen Tag in der Woche. Wenn die meisten schon zu Bett gegangen sind, schließen sich oft an die kulturellen Veranstaltungen noch spezielle Arbeitsgruppen an. Am andern Morgen ist man müde, die Augen sind noch ganz klein, und wieder beginnt ein langer Tag harter Arbeit auf dem Feld oder an den übrigen Arbeitsstätten, wie zum Beispiel in der Bäckerei. Dennoch folgt in der Mittagspause eine halbe Stunde heimlicher Lektüre – und nach der Arbeit vielleicht noch eine lange Fahrt, an deren Ende der gemeinsame Besuch eines Konzerts in Oslo steht.

Der fünfte Kerngedanke ist mir zu Bewußtsein gekommen, als

ich einen ersten Entwurf meines Buchmanuskripts herumreichte. Im Zusammenhang mit meiner Schilderung der Sonntage in den Dörfern hatte ich damals geschrieben, daß die Mehrheit in die Kirche ginge. «Um Himmels willen, wir haben doch gar keine Kirche!» war die vehemente Reaktion darauf. Da versuchte ich es mit «Kapelle», einem Wort, das ich in britischen Dörfern aufgeschnappt hatte. Aber wieder Fehlanzeige. Die Briten irren völlig in diesem Punkt! «Ja, aber wie soll ich denn das Haus nennen, das weder eine Kirche noch eine Kapelle ist?» «Nenn es ‹Andreas-bygget›*; das ist der Name, den wir dem Gebäude gleich zu Beginn gegeben haben.»

Natürlich, das hätte ich doch wissen müssen. Das Mißtrauen gegenüber jedweden formalen Klassifikationssystemen und das daraus resultierende Bemühen, Begriffe wie geistig behindert, Personal, Ärzte, Assistenten, Direktoren usw. zu vermeiden, sind im kulturellen Dorfleben tief verwurzelt. Ebenso tief gründet der Wunsch, im Hinblick auf Religion, Kultur oder Politik keinerlei dogmatischen Klassifizierungen zu unterliegen. Das Dorf hat also keine Kirche. Es besitzt ein Gebäude, das einen ganz individuellen Namen trägt. Es gibt keinen Pfarrer, sondern lediglich einen ganz bestimmten Menschen mit einem ganz bestimmten Namen, der den Gottesdienst hält. Es gibt keinen Direktor, nur jemanden, der die Briefe unterschreibt. Es gibt kein Personal, nur aktive Mitarbeiter. Es gibt keine Rentner, nur Menschen, die so lange eine Arbeit verrichten, wie ihre Kraft dazu reicht. Und um den Gedanken auf die Spitze zu treiben: Es gibt auch keine geistig Behinderten oder Schwachsinnigen in den Dörfern, sondern individuelle Menschen. Kategorien, die der Gesellschaft im allgemeinen oder den verschiedenen Berufsgruppen im besonderen entstammen, bedeuten eine Gefahr für die Entwicklungschancen sowohl der Menschen selbst als auch ihres Denkens.

In der Person Karl Königs, der in England, wo er die erste Schule für hilfsbedürftige Kinder begründete, ein Flüchtling war, laufen all

* *bygget* (norw.): Bau, Gebäude.

diese Gedanken zusammen. In seinen eigenen Worten stellt sich das so dar:

«Von Anfang an hatten wir uns das große Ziel einer Heilerziehung zur Aufgabe gemacht. Einige von uns waren für diese Arbeit ausgebildet, und der Rest war bereit, in die Aufgabe hineinzuwachsen. Wir empfanden es als eine besondere Art von Mission, unser Ziel zu erreichen. Durch Rudolf Steiner hatten wir ein neues Verständnis des behinderten Kindes gewonnen, und wir hatten den Erfolg einer solchen Arbeit bereits in einigen Heimen und Schulen auf dem europäischen Festland und in Großbritannien erlebt. Den vorhandenen Stätten eine weitere hinzuzufügen, das war zunächst unser erstes Ziel.

Zugleich ahnten wir aber auch, daß die behinderten Kinder, die bei uns waren, sich in einer ähnlichen Lage befanden wir wir selbst. Sie waren einer Gesellschaft entflohen, die sie nicht als Teil ihrer Gemeinschaft akzeptieren wollte. Wir waren politische, diese Kinder soziale Flüchtlinge.»

6.2 Ein weiteres Stück Vergangenheit

Wenn ich mich in einem der Dörfer aufhalte oder an sie alle denke, tauchen vor meinem geistigen Auge manchmal Bilder aus einer völlig anderen Umgebung oder Zeit auf. So sehe ich zum Beispiel einen fremden Vogel im Osloer Bürgertum vor mir, ein schwarzhaariges Mädchen mit einer Geige in der Hand, dessen Norwegisch ein wenig gebrochen klingt; oder Familien, bei denen ich in den USA gewohnt habe; kleine Begegnungen in Jerusalem und Tel-Aviv; und schließlich noch das 1952 veröffentlichte Buch von Mark Zborowski und Elizabeth Herzog über die jüdischen Kleinstädte Osteuropas, dessen Lektüre für mich eine Offenbarung gewesen ist.*

* An dieser Stelle möchte ich Berthold Grünfeld dafür danken, daß er mich auf das genannte Buch aufmerksam gemacht hat.

In ihrem Vorwort zu diesem Buch behauptet Margaret Mead, es handele sich um die anthropologische Untersuchung einer nicht mehr existenten Kulturform. Ich glaube, sie hat unrecht damit. Die Lektüre hat mich ständig daran erinnert, daß gewisse Elemente dieser Kultur immer noch vorhanden sind, wenn auch in veränderter Gestalt; ich habe ständig an das Leben in den Camphill-Dörfern denken müssen. Nicht weil die Dörfer jüdisch wären, denn das trifft ja nicht zu. Auch nicht weil die Dorfbewohner besonderes Interesse an jenen theologischen Fragestellungen zeigten, die die Juden so sehr beschäftigten. Weder Armut, Diskriminierung oder Unterdrückung sind für den Vergleich ausschlaggebend, sondern vielmehr die Tatsache, daß die Bewohner der Camphill-Dörfer mit den Juden die Achtung vor der Bedeutsamkeit der geistigen Entwicklung und die Wertschätzung eines lebenslangen Studiums teilen und daß die Formen ihres kulturellen und sozialen Lebens auffallende Parallelen zu denen der Juden zeigen.

In der jüdischen Kleinstadt, dem Schtetl, oder den von Juden bewohnten Vierteln der Großstädte war die Zeit nie unausgefüllt. Die Kinder wurden schon im Alter von drei oder vier Jahren eingeschult; der Schultag dauerte von 8 Uhr morgens bis sechs Uhr abends. Für jemanden, der höhere Bildung erwarb, wurden vier oder fünf Stunden Abwesenheit von den Büchern zum Zweck des Schlafens als notwendig erachtet. Die Synagogen waren nicht nur Synagogen, sondern zugleich Universitäten. Alle Männer von Rang nutzten sämtliche Zeit, die sie erübrigen konnten, zum Lesen oder zu Gesprächen. An den rituellen Handlungen, nicht aber direkt am intellektuellen Leben nahmen verhältnismäßig viele Personen aus den unteren Gesellschaftsschichten teil, und auch für sie waren bestimmte Idealvorstellungen verbindlich: Größtes Ansehen genossen diejenigen, die ihren Geist mehr als die anderen entwickelt hatten. Gebildete Männer hatten zum Zeichen ihrer Gedankenversunkenheit einen feierlichen Gang an sich; ihre Augen schienen müde außer in tiefgründigen intellektuellen Diskussionen; da pflegten sie hell zu leuchten. In allen praktischen, aber auch moralischen Angelegenheiten des Lebens wurden sie um Rat gefragt. Bei diesen alltäglichen Begegnungen stellten sie ihr Wissen wie bei einem Examen unter Beweis.

Auch die Feiertage im Schtetl erinnern an die Camphill-Dörfer. Der Abend des Sabbat galt als Vorgeschmack, den Gott auf die zukünftige Welt gibt. Daher hatte man zu diesem Zeitpunkt gern einen Gast im Haus, weil kein Sabbat ohne Gäste wahrhaft vollkommen ist. Bei Zborowski und Herzog liest sich das so:

«Jemand, der nicht die Gebote des Sabbats erfüllt, sündigt gegen das gesamte Gesetz. Die wahre Befriedigung, die der Sabbat gewährt, nämlich die Möglichkeit, dem Alltag zu entfliehen und der Familie, der Gemeinschaft und der liebsten Beschäftigung, dem Studium des Gesetzes, einen ganzen Tag zu widmen, versetzt den frommen Juden des Schtetl in Hochstimmung. Sie füllt sein Herz mit Freude und Stolz, aber auch mit Mitleid für seinen Nachbarn, den Bauern, der zwar Freiheit von der Sorge und Last der Sabbatverbote genießt, dafür aber der Möglichkeit beraubt ist, sich an dem segensreichen Kontrast zwischen Sabbat und Alltag zu erfreuen.»

Zurück zu den Dörfern. Ihr Bibelabend weist charakteristische Elemente auf, die dem Sabbat vergleichbar sind, zum Beispiel die friedliche Stille, in der das wohltuende Gespräch stattfindet, die Anwesenheit eines Gastes, die ritualisierte Mahlzeit, der Gang zum Gottesdienst am nächsten Tag und meist noch der Besuch eines Vortrags am Abend. Darüber hinaus lassen sich die Bedeutung, die dem Studium der Bibel und der Schriften Rudolf Steiners, des Begründers der Anthroposophie, beigemessen wird, und das hohe Ansehen, das Personen genießen, die sich diesen Dingen widmen, in gewisser Weise mit der Situation der Thora-Gelehrten im Schtetl vergleichen.

Steiner ist ein unglaublich produktiver Autor gewesen. Zudem hatte er eine Gruppe von Anhängern um sich, die die meisten seiner Vorträge schriftlich festhielten. Steiners Werk umfaßt etwa fünfzig Bücher und sechstausend Vorträge bzw. Aufsätze. Nicht alle von ihnen sind eindeutig und leicht verständlich. Wie im Falle der Bibel besteht auch hier nicht nur Raum für verschiedene Interpretationen, sondern auch Interpretationsbedarf. Steiner sprach über Architektur und entwarf Gebäude. Er sprach über Pädagogik und gründete Schulen. Er sprach über Medizin, und seine Anhänger richteten Krankenhäuser ein. Er sprach über Landwirtschaft, und in der Folge entstanden landwirtschaftliche Betriebe, die den biodynamischen Anbau praktizieren. Er sprach über neue Wege zu einer gesellschaftlichen Ordnung, und die Camphill-Dörfer versuchen in gewissem Umfang, die Organisationsform ihres sozialen Lebens danach auszurichten. Und er verfaßte okkulte Schriften, die von vielen Anthroposophen rund um die Welt wißbegierig erforscht werden. Knapp zusammengefaßt läßt sich also sagen: Rudolf Steiner und seine Anhänger haben ein außerordentlich umfangreiches Werk hervorgebracht, das von den geheimnisvollsten Erkenntnissen bis hin zu peinlich genauen Anweisungen für das Mischen von Zement reicht. Dieses Werk gibt über fast alle Bereiche des Lebens Aufschluß und bietet dem Leser immer wieder neue Interpretationsmöglichkeiten. Aber stets findet sich darin die sowohl explizite als auch implizite Botschaft, daß die oberste Verantwortung eines jeden Menschen darin besteht, seine Fähigkeiten voll zur Entfaltung zu bringen.

Es ist vielleicht ein wenig übertrieben, das Schtetl mit den Camphill-Dörfern und die Thora mit Steiners Schriften zu vergleichen, denn es werden auch extreme Unterschiede deutlich. So dominieren in den Dörfern nicht die Männer; im Gegenteil, die Frauen befinden sich dort im Vergleich zum Schtetl oder zum Rest unserer Gesellschaft in einer außerordentlich starken Position. Und die Dörfer betonen auch nicht die Zugehörigkeit zu irgendeiner Rasse oder einem Volk. Aber vielleicht trägt der Vergleich dazu bei, daß Juden und mit dem Judentum Vertraute die Dörfer und Nichtjuden die Juden besser verstehen.

Der Begründer dieser Gemeinschaften ist Karl König, ein sehr erfolgreicher Wiener Arzt. Er kannte jüdische Traditionen aus seinem Elternhaus, war jedoch schon in seiner Jugend zum Christentum übergetreten. Als Hitler Österreich einnahm, mußte König fliehen. In Schottland konnte er zusammen mit Freunden, mit denen er schon in Wien Ideen zu einer neuen Gesellschaft entwickelt hatte, die erste Schule für behinderte Kinder gründen, von der die Camphill-Bewegung ihren Ausgang nahm.

Ein wichtiger Impuls für die Gründung der Camphill-Gemeinschaften rührte aus den alten Christengemeinden her, aus der Brüdergemeine und von Zinzendorf. Karl Königs Frau gehörte dieser Tradition an und hat dadurch offenbar großen Einfluß sowohl auf die Betonung des pflegerischen Impulses als auch auf die Entstehung religiöser Lebensformen genommen, die im Alltag der Dörfer zu beobachten sind.

6.3   Das Dorf als Universität

Jedes Jahr findet in Norwegen ein ziemlich ungewöhnliches Seminar statt. Es wird für und von Menschen veranstaltet, die offiziell als geistig zurückgeblieben gelten und/oder andere schwere Gebrechen haben, die sie zu einer Art staatlichen Rente berechtigen. Sie entscheiden über das jeweilige Seminarprogramm, über einen Großteil der praktischen Durchführung und über nahezu sämtliche Beiträge, die in den Diskussionen vorgebracht werden.

Ich hatte mehrfach das Glück, von den Dorfbewohnern dazu eingeladen zu werden, einen Vortrag auf einem solchen Seminar zu halten. Und wenn ich Glück sage, so meine ich das auch. Ich will erklären warum.

Wenn man einen Vortrag vor Zuhörern hält, die vielleicht nicht in der Lage sind, allen Worten zu folgen, oder vielleicht mehr Zeit als üblich brauchen, um die verschiedenen verbalen Argumentationen nachzuvollziehen, so ist es wichtig, daß man unverzüglich auf den Kern des jeweiligen Problems zu sprechen kommt. Das Hauptthema muß auch der Hauptinhalt sein. Wenn also Bestrafung das Thema ist, dann muß das absichtliche Zufügen von Leid den Kern des Gesagten bilden und so konkret veranschaulicht werden, wie beispielsweise Foucault es in Zusammenhang mit der Folter getan hat oder Seip, der bei einer Rede anläßlich seiner Wahl zum Rektor der Universität von Oslo geschildert hat, was er empfand, als er in einem deutschen Konzentrationslager öffentlich Stockschläge erhielt. Und wenn Gerechtigkeit das Thema ist, dann dürfen nicht etwa alle möglichen Äußerungen von Philosophen über das Wesen der Gerechtigkeit die Hauptredezeit in Anspruch nehmen, sondern es müssen konkrete, in einfachen Hauptsätzen miteinander verbundene Beispiele für verschiedene dilemmatische Situationen im Zusammenhang mit der Gerechtigkeit im Vordergrund stehen.

Wie so viele Universitätsdozenten habe ich bei meinen normalen Vorlesungen ein Problem. Die Zeit läuft mir davon. Es gibt so viel zu sagen: Querverweise, Zitate, weitere Gedanken, die in Zusammenhang mit dem Thema stehen. Auch die großen Vordenker des jeweiligen Fachs fordern ihren Tribut und wollen erwähnt sein. Nach jahrelanger Einarbeitung in ein bestimmtes Gebiet hat man ein großes Wissen gesammelt. In der Herausforderung der Begegnung mit gewöhnlichen Sterblichen, die nicht das gleiche Wissen besitzen, viel mehr aber noch in der Begegnung mit ungewöhnlichen Menschen geschieht jedoch etwas Neues. Urplötzlich scheint es gar nicht mehr so selbstverständlich, daß es sich lohnt, all die Dinge zu wissen, die man im Kopf hat. Aber kleine Teile davon sind wirklich wichtig. Diese Bruchstücke, das Wesentliche nämlich, müssen an die vorderste Linie rücken, wenn außergewöhnliche Zuhörer anwesend sind.

Aber damit wird der Vortragende zwangsläufig in eine längst vergangene, altmodische Situation versetzt. Er ist wieder zurück an der wahren Universität, so wie sie früher einmal gewesen ist. Damals besaßen alle, die dort arbeiteten, die Möglichkeit, sich zusammenzusetzen und über gemeinsame Interessen zu sprechen. Es gab nur wenige Wissenschaftszweige und wenige Lehrer, so wenige, daß sie gezwungen waren, sich miteinander zu befassen, um so dem Universellen ein Stück näher zu kommen.

Das Verhängnis der modernen Universitäten besteht in ihrem ungebremsten Wachstum. Es schafft einen idealen Nährboden für die Spezialisierung, mit der in zunehmendem Maße die Gefahr gegeben ist, daß der einzelne seine gesamte Zeit ausschließlich im Kreis seiner Fachkollegen verbringt. Dann schwindet das Gespür für die Notwendigkeit, die zentralen Punkte zu erläutern, ja es erscheint sogar überflüssig zu erläutern, warum gerade sie die zentralen Punkte sind. Auf dem Briefkopf steht zwar «Universität», aber «Selbstbedienungsrestaurant für diverse Spezialgebiete» wäre wohl eine präzisere Bezeichnung. Wenn die außergewöhnlichen Menschen aus Vidaråsen meine Zuhörer sind, fühle ich mich mehr als Universitätsprofessor als in jeder anderen Umgebung.

Neben den Seminaren von und für die angeblich geistig Behinderten habe ich verhältnismäßig häufig Vorträge gehalten, deren Zuhörerschaft gemischt war. So hielt ich etwa ein Semester lang eine Vorlesung an der Universität, die meine «normalen» Studenten und eine Gruppe aus Vidaråsen gemeinsam besuchten. Es ging um Prinzipien der Rechtsprechung. Sehr bald blieben einige Studenten fern. Vielleicht fanden sie die Vorlesung langweilig oder die Kommilitonen unter ihrer Würde. Andere dagegen harrten aus und gaben am Ende ihrer Dankbarkeit Ausdruck. Sie behaupteten, mehr denn je über das betreffende Thema gelernt zu haben, und insbesondere schätzten sie, daß ich soviel Zeit auf den Kern der Problematik verwendet hatte. Ich hingegen empfand die Sache etwas anders. Endlich einmal hatte ich den Mut aufgebracht, mich ausreichend auf die grundlegenden Dinge zu konzentrieren!

Ich bin wahrscheinlich nicht der einzige Vortragsredner, der in Panik gerät, weil er denkt, daß sich alles, was er zu sagen hat, von selbst versteht. Dort hinten in der anderen Ecke des Hörsaals ist ein Student, den ich für einen hellen Kopf halte. Und dort drüben ist einer, der schon zwei Semester zuvor an meiner Vorlesung teilgenommen hat; vermutlich kennen beide den Stoff schon in- und auswendig. Anstatt zu erläutern, gebe ich nur kurze Hinweise. Anstelle von Argumenten erhalten die Studenten Überschriften und Oberbegriffe. Wenn sich die Zuhörerschaft aus den verschiedensten Arten von Menschen zusammensetzt, ist es leichter, nicht in Panik zu geraten. Das Bemühen, Erklärungen zu geben, bleibt vielleicht erfolglos. Der Versuch aber wird gemacht.

Ein weiteres Moment ist die Begeisterungsfähigkeit. Wenn die Bewohner der Camphill-Dörfer meine Zuhörer sind, entsteht eine freundliche Atmosphäre voll Offenheit, Empfänglichkeit und Begeisterung. Einige lachen vielleicht an Stellen, an denen ich es nicht erwartet hätte. Andere machen seltsame rhythmische Bewegungen mit dem Körper, und wieder andere brechen das feierliche Schweigen, das sonst immer herrscht, und stoßen irgendwelche Laute aus. Aber im großen und ganzen herrscht ansteckende Fröhlichkeit in der Zuhörerschaft. Bei manchen ist es die Freude, einfach dazusein, zur großen Gemeinschaft dazuzugehören und an der allgemeinen Begeisterung Anteil zu nehmen. Andere freuen sich vielleicht über irgendeinen Witz im Vortrag und warten begierig auf den nächsten, und der Rest findet möglicherweise Vergnügen an der geistigen Anstrengung, an dem Bemühen, geistig zu folgen, und freut sich über die dadurch gewonnenen Einsichten. Der ganze Raum strahlt ein Gefühl von Wärme aus, und wohltuende Schwingungen liegen in der Luft – ein gutes Klima fürs Lernen.

Wenn ich zu den Dorfbewohnern spreche, habe ich manchmal die gleiche Empfindung wie damals kurz nach 1968, als ich eine Vorlesung in Berkeley hielt. Ich spüre die gleiche Neugier, die gleiche Freude – Gefühle, die nicht nach innen gekehrt sind, sondern in einer allseitigen und manchmal sehr anregenden Begeisterung großmütig miteinander geteilt werden. Ich erinnere mich, wie Professor Paul Lazarsfeld bei einem seiner Aufenthalte in Oslo einem ungläubigen Kreis norwegischer Universitätsdozenten von der Begeisterungsfähigkeit amerikanischer Studenten berichtete. Einer habe ihm einmal auf die Schulter geklopft mit dem Ausruf: «Das war aber eine verdammt gute Vorlesung, Herr Professor!» Solche Reaktionen sind bei normalen skandinavischen Studenten äußerst selten, bei den nicht so normalen dagegen durchaus üblich.

Aber verstehen die Dorfbewohner wirklich, was in den Vorlesungen gesagt wird? Ist ihre Anwesenheit nicht bloß eine höfliche Entschuldigung, ein Alibi, damit die angeblich normalen Studenten an ihrem Studium Freude haben in dem Glauben, sie täten den Dorfbewohnern etwas Gutes? Tun diese nur so als ob, sitzen im Grunde nur da, um die Reihen im Hörsaal zu füllen, und lauschen Worten oder Klängen, die keinerlei Bedeutung für sie haben?

Ich kann es nicht mit Bestimmtheit sagen. Was ich aber aus eigener bitterer Erfahrung weiß, ist, daß die Dorfbewohner überaus kritische Zuhörer sind. In den Dörfern habe ich nämlich empfindliche Niederlagen als Vortragsredner erlitten. Ich hielt Vorträge, die auf keinerlei Interesse stießen und den Zuhörern – abgesehen von Höflichkeiten – keinerlei Reaktionen entlockten. Für diese Niederlagen gibt es zwei völlig gegensätzliche Gründe. Zum einen verfing ich mich im schmückenden akademischen Beiwerk, weil ich vor allem an zwei Traditionen festhielt: Ich verbrachte viel Zeit damit, zu erklären, was ich denn eigentlich sagen wollte, und stellte Querverbindungen zu allen anderen her, die irgendwann einmal das betreffende Gebiet gestreift hatten. Zum anderen ging der unterhaltsame Aspekt verloren. Weil ich fürchtete, meine Zuhörer zu langweilen, ließ ich bestimmte Verkomplizierungen einfach weg oder verpackte sie in Witze, die eben nur als Witze dienten und nicht als sachdienliche Veranschaulichungen der Kernpunkte des Vortrags. Wenn ich aber wagte, direkt auf den Kern des jeweiligen Problems zu sprechen zu kommen, ernst zu bleiben und die logische Argumentation soweit als möglich mit Hilfe kleiner konkreter Geschichten oder Allegorien darzustellen, trug ich einen Sieg davon. Auch bildliche Illustrationen können hilfreich sein.

Das Ganze hat aber noch einen tieferliegenden Aspekt. Woher wissen wir eigentlich, wie wir andere erreichen können? Durch Begriffe, durch die Artikulation von Lauten, durch die im Raum entstehende Atmosphäre, durch das Aufeinandertreffen der Schwingungen, die zwischen sehr wachen Menschen vorhanden sind? An dem Tag, bevor ich diese Worte niederschrieb, erhielt ich von einer Freundin die Einladung, eine Ausstellung ihrer Bilder zu besuchen. Darin zitierte sie folgende Worte des schwedischen Lyrikers, Kunst- und Literaturkritikers Gunnar Ekelöf:

«Ich glaube nicht an Einfluß, sondern an Identifikation. Man weiß um die Stärke der eigenen Fremdenlegion, die Zelle der eigenen geheimen Verteidigungsmacht. Natürlich gibt es in der Kunst Traditionen, die sich an eine so überflüssige Frage binden, wie denn zum Beispiel das Kunstwerk entstanden ist usw. Es gibt aber nur eine einzige wahre Tradition, nämlich die innere ..., über die sich nicht mehr sagen läßt, als daß es eine Sprache zwischen den einzelnen Seelen gibt.»

Menschen, die anders sind, stellen oft eine Art lebendiges Rätsel dar. Wir ergründen sie nicht. Die sogenannten autistischen Kinder zum Beispiel sind in vieler Hinsicht ausgesprochen rätselhaft. Was geht in ihnen vor? Warum sprechen sie nicht, warum geben sie keine Erklärung? Oder Eva zum Beispiel. Sie wurde früher als äußerst zurückgeblieben diagnostiziert. Da sind aber ihr scheues Lächeln in bestimmten Augenblicken, ihre Taktik, mit der sie ihren Lieblingsstuhl im Wohnzimmer verteidigt, und ihre eindeutigen Signale, wenn sie in ihren Rechten beschnitten wird.

Für den Vorgang der Kommunikation mit Menschen, die nicht der Normalität entsprechen, stehen im wesentlichen zwei entgegengesetzte Denkmodelle zur Verfügung. Entweder hält man die Betreffenden für beeinträchtigt; das beinhaltet, daß ihr Ausdrucksapparat defekt ist und sie daher nur auf einer primitiven Verständigungsebene erreicht werden können. Oder sie sind tatsächlich einfach nur anders, eine andere Art von Mensch und daher für eine andere Art von Verständigung ausgerüstet. Es wird nie wissenschaftliche Beweise geben, die uns bei diesen Fragen weiterhelfen können. Wir müssen also andere Kriterien finden, um zu entscheiden, welche Annahme wir zugrunde legen. Ein wichtiges Kriterium läßt sich aus den üblichen Verhaltensmaßregeln für den Umgang mit Zweifelsfällen ableiten: Im Zweifel wähle die Alternative, die für die schwächere Partei vorteilhafter ist. Im Zweifel entscheide für den Angeklagten. Im Zweifel halte andere nicht für kommunikationsgestört.

6.5 Konsumenten oder Produzenten?

Wenn man Heime für die als geistig behindert Eingestuften betritt, entdeckt man meist mittendrin ein Fernsehgerät, das ständig flimmert, sobald nur irgendein Programm gesendet wird. Der behinderte Mensch kann nicht in die Welt hinaus, also kommt die Welt zu ihm. Die moderne Technik hat Mauern niedergerissen und den Behinderten ermöglicht, das Tagesgeschehen bewußter zu verfolgen. Gemäß dem norwegischen Gesundheitsministerium gehört es zu den Grundrechten geistig Behinderter, Zugang zum Fernsehen zu haben. Hier ein Zitat vom 2. September 1981:

«Wenn spezielle Umstände nicht das Gegenteil angezeigt erscheinen lassen, haben die Klienten ein klares Anrecht darauf, über ein eigenes Fernsehgerät im Zimmer zu verfügen. Wenn dessen Benutzung infolge zu hoher Lautstärke für andere störend ist, muß der Benutzer freilich gewisse Einschränkungen akzeptieren, letztendlich auch die Entfernung des Fernsehgeräts. Aber es versteht sich von selbst, daß eine Anstalt andererseits kein allgemeines Fernsehverbot in den Zimmern der Klienten verhängen kann.»

Diese Entscheidung war Teil einer Antwort auf die Anfrage eines im Bereich der Einrichtungen für geistig Behinderte tätigen Amtsarztes, der zur betreffenden Zeit berechtigt war, ein Camphill-Dorf in seinem Amtsbezirk zu kontrollieren. Er bekundete sein Mißfallen über vieles, was dort vor sich ging, insbesondere darüber, daß das Fernsehen aus den Dörfern verbannt ist.

Und was geschah dann?

Eigentlich nichts. Das Fernsehen hat immer noch keinen Zugang zu den Dörfern gefunden – mit Ausnahme der Zimmer gehörloser Bewohner.

Die wichtigsten Gründe für dieses Verbot wurden dem Medizinalrat in einem Schreiben des fraglichen Dorfes erläutert. Hauptpunkt der Antwort im November 1982 war, daß das Fernsehen das soziale Leben im Dorf zerstören würde:

«Wir sind in den Dörfern bemüht, die Initiative des einzelnen zu wecken und den zwischenmenschlichen Kontakt zu fördern. Das Fernsehen wirkt beiden Zielen entgegen. […] Institutionen stehen gewöhnlich vor dem Problem, nur eine geringe Zahl stimulierender Aktivitäten anzubieten. In einer derartigen Situation ist es verständlich, daß das Fernsehen beibehalten wird. In der Dorfgemeinschaft ist die Situation jedoch völlig anders. Dort finden fast jeden Abend kulturelle und gesellschaftliche Aktivitäten statt.»

Aktion und Interaktion sind wichtige Grundlagen der Dörfer. Das Fernsehen dagegen basiert auf Rezeption und Konsum. Es stellt einen Funktionsablauf dar, bei dem viele ein leicht konsumierbares Produkt erhalten, das von einigen wenigen produziert worden ist – ein Modell, das sich im Einklang mit den Hauptverfahrensweisen der Industriegesellschaft befindet. Es liegt auf der Hand, daß sich das Fernsehen schädlich auf die sozialen Strukturen der Dorfgemeinschaften auswirken würde. Es ist leichter zu konsumieren als produktiv tätig zu sein.

Aber besagter Amtsarzt und das Ministerium haben natürlich auch ein Argument auf ihrer Seite. Die meisten Bürger betrachten das Fernsehen als eine Selbstverständlichkeit. Viele Schulkinder verbringen mehr Zeit vor dem Bildschirm als in der Schule. Für alte Leute stellen die Fernsehbilder oft die einzige Gesellschaft dar. Wer will da behaupten, daß die, die in den Dörfen leben, nicht fernsehen dürfen? Es ist auch zu bedenken, daß das Fernsehverbot seinen Ursprung in einem kleinen Zweifel an der Wirksamkeit des kulturellen Dorflebens haben könnte. Aber verfügt diese Kultur nicht über ausreichend Kraft, das Fernsehen im Wettstreit um die Gunst der Dorfbewohner zum klaren Verlierer zu machen? Gehen die

Menschen dort nur aus einem Mangel an Alternativen ins Theater?

Das Thema ist wiederholt sowohl in den Dorfversammlungen als auch in den einzelnen Hausgemeinschaften diskutiert worden. Allgemein scheint es dem Fernsehen gegenüber eine ablehnende Haltung zu geben. Aber es melden sich auch gegenteilige Stimmen zu Wort. Fast alle kennen das Fernsehen von ihren Besuchen bei Familien außerhalb. Einige möchten weiterhin ihr Lieblingsprogramm sehen. Dorfbewohner, die als nicht geistig behindert oder entwicklungsgestört gelten, sind jedoch allesamt gegen das Fernsehen. Für sie stellt es ein Beruhigungsmittel dar. Solche Drogen sind in den Dörfern unerwünscht. Dabei läßt man es bewenden, und vermutlich wird sich daran auch in absehbarer Zukunft nichts ändern.

6.6   Jemand anders sein

Im vergangenen Jahr wurden in Vidaråsen dreizehn verschiedene Theaterstücke aufgeführt. Einige der Aufführungen fanden mehrmals statt. So ist das Leben im Dorf ständig von den Vorbereitungen für irgendwelche Theaterstücke erfüllt, die ihren Höhepunkt in der Aufführung im großen Festsaal finden.

Alle Dorfbewohner nehmen daran teil. Die imaginäre Welt des Theaters hält für jeden eine Rolle bereit. Da gibt es Könige und den Teufel, Hexen, stumme Soldaten, vom Hungertod bedrohte Gefangene eines Konzentrationslagers und Teilnehmer von Prozessionen. Ich habe nur ein einziges Mal an einer solchen Aufführung teilgenommen, und jede Minute davon war mir verhaßt.

Ich war Schäfer in einem Weihnachtsspiel. Den Monat zuvor hatte ich abgelehnt, einen SS-Offizier zu spielen. Nun konnte ich mich nicht noch einmal dem Druck widersetzen. Aber ich habe ein Handicap. Ich bin nahezu unfähig, irgendeinen Text auswendig zu lernen. Mein Text in der Rolle des Schäfers bestand zwar nur aus vier gereimten Zeilen, aber es waren unlogische Zeilen, wie ich hartnäckig meine. Ich trug sie tagelang auf einem kleinen Zettel in meiner Tasche herum und versuchte, mir die Aufeinanderfolge der einzelnen Worte einzuprägen. Wir Boten waren zu viert, also hoffte ich darauf, daß niemand es bemerken würde, wenn ich nur meine Lippen bewegte. Z, der Schnelläufer, war einer von uns vieren. Er konnte sich zwar an den Text erinnern, geriet aber in Panik und lief davon, als wir an der Reihe waren. Karl ist sprachbehindert und blieb stumm. Der dritte Bote war Karen, eine Dänin. Sie rettete die Situation. Unser Text ließ sich einzig in ihrer klaren dänischen Stimme vernehmen, und meine Unfähigkeit wurde allen offenbar. Was mich zusätzlich belastete, war die Tatsache, daß so viele mein Scheitern als einen moralischen Fehltritt interpretierten, als ob ich keinen Versuch unternommen hätte, den Text auswendig zu lernen. Aber genau das hatte ich ja getan.

Wenn ich nun über das ein paar Jahre zurückliegende Erlebnis nachdenke, empfinde ich es als dreifache Niederlage. Erstens bin ich nicht dazu in der Lage, irgend etwas auswendig zu lernen. Schlimmer hingegen ist, daß ich mich nicht getraut habe, das zuzugeben. Ich war fürchterlich beschämt, mein Handicap offenbaren zu müssen; ich hatte es nicht als einen Teil von mir akzeptiert. Und drittens habe ich anscheinend Probleme, meine gewohnte Rolle aufzugeben. Das ist vielleicht auch der Grund für meine Unfähigkeit, vier Zeilen auswendig zu lernen. Sie läßt möglicherweise auf eine starre Haltung der Selbstzufriedenheit schließen, die mich zögern läßt, die sicheren Bahnen der gegenwärtigen Lebenssituation zu verlassen, um Neuland zu betreten. Vielleicht ist das Mitmachen bei Theateraufführungen äußerst wichtig für die Weiterentwicklung derjenigen unter uns, die am meisten zu verlieren haben. Die Dorfbewohner wagten alle mitzumachen. Z nahm Reißaus, und ich schämte mich. Beide scheinen wir das Leben im Dorf besonders nötig zu haben.

7

Die Vermenschlichung des Lebens

7.1 Verkehrswege

Zwischen den Häusern von Vidaråsen erstreckt sich ein kompliziertes Geflecht unbefestiger und befestigter Wege, das den Pulsschlag des Dorfes spüren läßt. Autofahrer werden schon bei ihrer Ankunft enttäuscht, denn außerhalb des Dorfes befindet sich ein großer Parkplatz. Entlang der meisten Straßen und Wege stehen kleine Laternenpfähle, die nur knapp einen Meter hoch sind, damit sie nicht mit den Sternen darüber konkurrieren. Von diesen Laternen fällt nur ein schwacher Lichtschein auf die Straßenoberfläche. Die Straßen und Wege im Dorf sind also zum Gehen geschaffen, und die Organisation des sozialen Lebens baut darauf auf: Die meisten Dorfbewohner verlassen morgens das Haus, um ihrer Arbeit in den Werkstätten oder anderen Häusern nachzugehen. Mittags geht es wieder heim, danach wieder hinaus, abends wieder heim und dann wieder hinaus, um an den kulturellen Aktivitäten teilzunehmen. Das äußere Verbindungssystem wird so zu einem System der ständigen Kommunikation zwischen den Menschen; es wird zur Arena einer fortgesetzten Interaktion, der sich niemand entziehen kann. Das Netz von Straßen und Wegen ist eine wichtige Voraussetzung für das Leben im Dorf.

Vom Fenster aus läßt sich beobachten, worin eines der wichtigsten Ergebnisse dieses Netzwerks besteht: Es ermöglicht den Umgang zwischen Menschen aller Art. Da sind zum Beispiel die angeblich Stummen im Gespräch mit denen zu sehen, die nicht als behindert gelten. Da reicht ein Bäcker der siebenundachtzigjährigen Hauptlehrerin im Fach Eurythmie – einer Art erzieherischen Tanzes – galant seinen Arm, um ihr übers Glatteis zu helfen. Anschließend sind zwei weitere Personen zu sehen, die sich nur sehr langsam vorwärts bewegen, die eine wegen einer Behinderung am Bein, die andere, weil sie einem Land entstammt, das keine vereisten Straßen kennt.

7.2 *Grenzen der Aufsplitterung*

In Kombination mit den völlig verschiedenen Aufgaben, die jeder einzelne Dorfbewohner erfüllt, hat das Verkehrssystem zur Folge, daß die Menschen einander ständig begegnen. Andauernd laufen sie sich buchstäblich über den Weg. Da sie höflich sind, tauschen sie ein paar Worte miteinander aus. Und da sie vernünftig sind, sprechen sie über das, was sie denken. Dabei übernehmen die Nicht-Behinderten oft besondere Verantwortung. Terje weiß nicht, wo er den Sommer verbringen soll; ob wir ihn wohl auf unserer Reise nach Jugoslawien mitnehmen könnten? Selma Lagerlöfs Haus wird nächstes Wochenende fast verwaist sein; ob diejenigen, die dableiben, vielleicht bei Ole Bull zu Mittag essen könnten? Hans ist traurig, weil Hanna ihn geneckt hat, könntest du ihr das vielleicht sagen? Natürlich werden häufig Probleme besprochen – und nicht nur das, sie werden auch oft gelöst. In den Dörfern wird genauso diskutiert wie in einer gesellschaftlichen oder privaten Institution, doch gibt es einen gravierenden Unterschied: In den Dörfern haben Diskussionen meist die Form zwangloser Begegnungen. In Anstalten hingegen werden sie zu formellen Zusammenkünften des Personals, zu Sitzungen und Besprechungen. Solche Versammlungen bekräftigen formell den Dualismus zwischen «ihnen» und «uns». Besprechungen werden einberufen, um anstehende Probleme zu lösen. Hans und Hanna werden so zum Objekt des Gesprächs unter Experten; sie werden zu Klienten. Die Begegnungen auf der Straße hingegen lassen keine formelle Hierarchie erkennen; sie sind weder absichtlich herbeigeführt, noch verleihen sie einen Sonderstatus. Dadurch sind dem unerfreulichen Prozeß der Verdinglichung, der

Reduzierung von Menschen auf Objekte, der in fast allen von Berufsexperten geführten Einrichtungen an der Tagesordnung ist, Grenzen gesetzt.

Häufig hört man von den Mitarbeitern in Heimen und Anstalten, daß dort soviel Zeit mit Besprechungen zugebracht wird. Die Betreffenden haben Recht. Und sie beklagen sich mit Recht darüber, daß sie keine Zeit haben, sich mit den Klienten zu befassen. Ihnen fehlt die Zeit, weil sie an Versammlungen teilnehmen, durch die sie den Klientenstatus erst schaffen. Die Lösung des Problems lautet daher nicht, mehr Personal einzustellen. Der Schlüssel liegt vielmehr in einer Veränderung sowohl des Denkens als auch der organisatorischen Praxis – einer Veränderung, die dazu führt, daß die Spaltung zwischen «ihnen» und «uns», zwischen Subjekt und Objekt, Fachmann und Sache überwunden wird.

7.3 Wie auf einem Gemälde von Brueghel

Wenn man in die Dörfer kommt, hat man manchmal den Eindruck, einen mittelalterlichen Markt zu betreten. Die Gemälde von Brueghel könnten aus Vidaråsen sein.

Außerhalb der Dörfer leben die meisten von uns mit Menschen zusammen, deren Ähnlichkeit auffallend ist. Sie gehören zur gleichen Gesellschaftsschicht, haben die gleiche Bildung, die gleiche Arbeit, die gleichen nachbarschaftlichen Verhältnisse und den gleichen Weingeschmack. Aber auch in der äußeren Erscheinung scheinen sie sich einander anzugleichen, zum Beispiel im Gesicht, in der Frisur, in der Kleidung und in der alltäglichen Selbstdarstellung. So wirken alle wie ein einziger Typ Mensch. Diese Gleichheit läßt individuelle Züge völlig verschwinden.

Die Menschen im Dorf gehen den entgegengesetzten Weg, nämlich ihren eigenen Weg. Im Laufe der Jahre scheint bei ihnen die Fassade des normalen Lebens mehr und mehr abzubröckeln. Die Dörfer haben zwar spezielle Volksfesttage, aber in gewisser Weise ist dort jeder Tag ein Fest.

Wenn ich durch die Straßen der Großstädte gehe, fällt mir oft auf, daß die Menschen, denen ich begegne, eine gewisse Ähnlichkeit zu bestimmten Dorfbewohnern haben. Dieser Bursche da hat etwas von Ola an sich; die Dame dort drüben trägt irgendeinen Zug von Karin. Wenn ich aber in den Dörfern bin, entdecke ich nie Ähnlichkeiten zu meinen Bekannten in der Stadt. Die Menschen in den Dörfern sind so ausgeprägte Charaktere, daß sie einen an niemanden erinnern. Gewisse Charaktereigenschaften lassen sich zwar andeutungsweise in manchen blassen Pendants der Außenwelt erkennen, doch im Dorf selbst werden keine Erinnerungen an die Eigenschaften der blassen Pendants draußen wach.

Menschen werden nicht grundlos zu Charakteren. Auf einen Grund habe ich schon hingewiesen, auf die Tatsache nämlich, daß der hierarchischen Aufsplitterung der Rollen in den Dörfern Grenzen gesetzt sind. Üblicherweise ist sowohl die Rolle des Klienten als auch die des Personals sehr ausgeprägt. Beide symbolisieren sich meist durch Unterschiede in der Kleidung und der äußeren Erscheinung. Jede berufliche oder halbberufliche Ausbildung ist immer auch ein Training der Erscheinung. Ebenso lernen Klienten aller Art, wie sie sich als Klienten zu verhalten haben; und eines der großen Probleme bei der Rückkehr in das normale Leben besteht darin, dieses Verhalten wieder abzulegen. Die Menschen in den Dörfern aber verfügen über Anschauungsweisen, die ihnen bei der Überwindung einer solchen Spaltung helfen. Ihr Gemeinschaftsleben spielt sich in einem äußeren Rahmen ab, der die unvermeidlichen Aspekte der hierarchischen Aufsplitterung auf ein Minimum reduziert.

Eine weitere wichtige Voraussetzung für die Ähnlichkeit der Dörfer mit den Gemälden von Brueghel sind die extremen Unterschiede in der sozialen Lebensgeschichte der Dorfbewohner. Einige kommen aus geschlossenen Anstalten dorthin, ein paar sogar aus hermetisch abgeschlossenen, weil man sie für gefährlich hielt. Andere kommen direkt aus dem Schoß der Familie, sind sehr verwöhnt und unfähig, irgendwelche Pflichten zu übernehmen, bis die Erfordernisse des Dorflebens sie dazu zwingen. (Bei ihren Besuchen daheim fallen sie dann oft in ihr altes Verhaltensmuster zurück.) Wieder andere haben einen akademischen Grad erworben und können oder wollen nicht in der Gesellschaft draußen funktionieren. Es kommen alleinerziehende Mütter oder Väter mit ihren Kindern dorthin, nur um in einer Gemeinschaft zu sein. Die meisten der Dorfbewohner stammen aus Norwegen, aber es gibt auch recht viele Ausländer unter ihnen.

Eine dritte wichtige Bedingung dafür, daß sich die Menschen in den Dörfern zu Charakteren entwickeln, ist die extreme Verschiedenartigkeit der Aufgaben, die jeder einzelne erfüllt. Nehmen wir zum Beispiel Peter: Am frühen Morgen spielt er Flöte; nach dem Frühstück ist er für den Abwasch verantwortlich, und während der ersten Hälfte des Arbeitstages verkauft er die im Dorf gefertigten Töpferwaren; am Nachmittag nimmt er als Student an einem Seminar über Ästhetik teil, und abends, wenn er eigentlich an der Dorfversammlung teilnehmen soll, macht er sich aus dem Staub. Oder Olga: Mit Hilfe von Freunden hat sie sich angezogen und gefrühstückt; irgend jemand begleitet sie zur Puppenwerkstatt hin und wieder nach Hause zurück; am Nachmittag beschäftigt sie sich mit ihrem Lieblingsbilderbuch, ist aber schlechter Laune, weil jemand ihren Stuhl von seinem angestammten Platz weggerückt hat. Am Abend geht die Hausmutter mit ihr zur Cafeteria, und bei einem Stück Kuchen lacht Olga bis über beide Ohren. Leif zum Beispiel läutet die Glocke und erntet Zwiebeln; den Abend verbringt er mit den Proben für das Weihnachtsspiel. Anne hat ihre Kinder zum Schulbus gebracht, dann beantwortet sie Briefe, in denen sich Leute um eine Aufnahme im Dorf bewerben. Sie lädt einen Bewerber für eine Probezeit ein, erhält einen Anruf von einer Mutter, die sich darüber beklagt, daß ihre «kleine» Tochter (die zweiunddreißig Jahre alt ist) vergangenes Wochenende mit fürchterlich dreckigen Hosen nach Hause gekommen ist. «Tut mir leid», sagt Anne, «aber das muß sie allein in Ordnung bringen; gib ihr Zeit und schenk ihr Vertrauen.» Am Nachmittag merkt Anne, daß sie nicht genügend Zeit darauf verwendet hat, sich für ihre Rolle im Weihnachtsspiel vorzubereiten. Am späten Abend besucht sie eine Gesprächsrunde über Reinkarnation. Sonntags trifft sie die meisten Dorfbewohner im Andreas-Bau. Die Botschaft des Gottesdienstes, die von Leuten aus dem Dorf übermittelt wird, handelt von der Gleichheit vor Gott und davon, daß jede Seele ihre eigene Würde besitzt.

Das Fehlen sozialer Gegensätze, die Unterschiede in der individuellen Lebensgeschichte und die Vielfalt der Aufgaben und Pflichten haben zur Folge, daß das gesamte Leben im Dorf auf die Menschen ausgerichtet ist. Sie begegnen einander ständig, aber jedesmal in einer anderen Rolle: als Mitglied einer bestimmten Hausgemeinschaft, als Zimmermann, als Sänger oder Sängerin, als Essensgast, als Schäfer im letzten Weihnachtsspiel oder als Folterer in der nächsten Theateraufführung. Von der Gesamtheit der Aufgaben, die ein einzelner zu erfüllen hat, werden zwar Ausnahmen gemacht, doch nur im Hinblick auf die Aktivitäten, die der oder die Betreffende während früherer Lebensabschnitte ausgeübt hat. Dies steht in auffälligem Kontrast zum Leben in der Stadt. Dort werden wir meist zu dem, was wir gesellschaftlich sind. Die Krankenschwester in der Nachbarschaft ist, falls man sie überhaupt kennt, zuallererst eine Krankenschwester und der Polizist eben ein Polizist. Nach einer Weile und mit ein bißchen Glück ist die Krankenschwester vielleicht ein wenig mehr als nur eine Krankenschwester und der Polizist ein wenig mehr als nur ein Polizist. Dennoch bleiben die jeweiligen Rollen die Hauptattribute der betreffenden Person, selbst wenn Häubchen oder Helm abgelegt worden sind. Die Menschen im Dorf stellen das andere Extrem dar. Sie unterscheiden sich so sehr in ihrer individuellen Lebensgeschichte und erfüllen – für alle deutlich sichtbar – so viele verschiedene Aufgaben, daß es weniger selbstverständlich erscheint, eine einzige Funktion zur wesentlichen zu machen. Statt dessen werden die Menschen im Dorf als Individuen erkennbar. Sie zeigen sich in ihrem Charakter und nicht in ihren vielen kleinen Rollen. Rollen sind nicht festgelegt, sie können von verschiedenen Personen übernommen werden und machen die Darsteller berechenbar. Charaktere sind zwar auch berechenbar, aber nicht ausleihbar. Sie gehören einem ganz bestimmten Individuum, einer ganz bestimmten Persönlichkeit.

8
Die Machtverhältnisse

8.1 Wer trifft die Entscheidungen?

Die Dörfer haben keine Direktoren, keinen König und kein Parlament. Wer trifft dann aber die Entscheidungen?

Formal gesehen stellt sich der Sachverhalt recht einfach dar. Die Dörfer sind in einer Stiftung zusammengefaßt, die eine offizielle Satzung hat. An der Spitze steht ein Verwaltungskomitee, dessen Mitglieder sowohl aus den Dörfern selbst als auch von außerhalb kommen. Unter ihnen befinden sich nicht nur Einheimische, sondern auch Ausländer, nicht nur «normale», sondern auch weniger «normale» Menschen. Das Komitee trifft zweimal im Jahr zusammen, und dann werden Entscheidungen gefällt.

Die Praxis sieht jedoch ganz anders aus. Denn ein Vorstand, der von seinen Befugnissen Gebrauch machen würde, säße bald ohne Dörfer da. Entscheidungen sind nun einmal der Zündstoff gesellschaftlicher Systeme. Das Leben in den Dörfern hängt von Menschen ab, die für ihr Tun ein ungewöhnlich hohes Maß an Verantwortung aufbringen, insbesondere denen gegenüber, die mit ihnen in einer Hausgemeinschaft leben. Anweisungen von oben nähmen ihnen diese Verantwortung ab. Das Vorstandskomitee zögert daher sehr, irgend etwas zu entscheiden, das nicht schon zuvor beschlossen worden ist.* Vor jeder Vorstandssitzung kommen die Vertreter

* Ich kann mich nur an zwei Begebenheiten während meiner fünfzehnjährigen Tätigkeit in diesem Komitee erinnern, in denen der Vorstand von seinen formalen Befugnissen Gebrauch gemacht hat. Beide Male waren die Entscheidungen, denen ich damals zustimmte, aus heutiger Sicht falsch, und zwar sowohl für die Dörfer im ganzen als auch für die direkt davon betroffenen Personen.

der einzelnen Dörfer zu einem eigenen Treffen zusammen, auf dem sie alle anstehenden Themen diskutieren. Dabei gelangen sie in den meisten Fällen zu einer abschließenden Meinung. Ihre Vorstellungen werden danach vom Vorstand geprüft und in der Regel akzeptiert. Meldet ein Vorstandsmitglied Zweifel an, so führt das fast immer dazu, daß die betreffende Angelegenheit bis zur nächsten Vorstandssitzung vertagt wird. Zweifel regen sich meist dann, wenn bestimmte Vorstellungen nicht klar genug sind. Das zeigt sich besonders deutlich bei Vorstandssitzungen, an denen ausländische Mitglieder (zur Zeit aus Finnland, Frankreich und Irland) teilnehmen. Ihre Anwesenheit macht es erforderlich, daß wir alle englisch sprechen, weil das die einzige Sprache ist, die wir miteinander teilen. Das ist zwar einerseits lästig, andererseits aber sehr vorteilhaft. Die Vorstandsmitglieder sagen dann weniger, und dem, was sie sagen, fehlt es an Beredsamkeit. Probleme lassen sich nicht mehr so einfach unter den Teppich kehren, und Vorschläge klingen weitaus weniger überzeugend; der Kern jeder Sache steht im Vordergrund. Es kommt auch vor, daß der Vorstand selbst neue Ideen vorbringt, aber dabei handelt es sich immer nur um Denkanstöße, die in den Dörfern diskutiert werden sollen. Die Entscheidung liegt also bei denen, die mit den Folgen leben müssen.

Jedes einzelne Dorf hat einen eigenen Vorstand, dessen Funktionsweise dem des Gesamtkomitees sehr ähnlich ist. Die Dorfvorstände kommen viermal im Jahr zusammen. Dabei verschaffen sie sich einen Überblick über die aktuellen Finanzen und tragen zur Klärung von Angelegenheiten bei, in denen die Dorfbewohner Zweifel haben. Die Dorfvorstände haben auch eine Vermittlerfunktion zu den kommunalen Behörden. Aber genau wie der Gesamtvorstand entscheiden sie nichts, was nicht bereits beschlossene Sache ist.

Also entstehen die Entscheidungen in den Dörfern selbst. Aber wo haben sie ihren Ursprung?

Den Behörden außerhalb der Dörfer war daran gelegen, daß jede Dorfgemeinschaft eine Hierarchie besitzt und einen Verwaltungsdirektor an der Spitze hat. Sie haben ihn bekommen – auf dem Papier.

Ich glaube, daß nur sehr wenige Dorfbewohner wissen, wer im einzelnen mit dieser Aufgabe betraut ist. Solche Direktoren sind nur für den externen Gebrauch da. Zu dem Zeitpunkt, als ich dies niederschrieb, konnte ich mich bloß an den Namen eines einzigen Direktors in den fünf Dörfern erinnern.

Manche sind vielleicht der Meinung, daß die Entscheidungsgewalt bei der Dorfversammlung liegt. Das ist eine wöchentlich stattfindende Zusammenkunft aller, die in den Dörfern leben. Häufig nehmen Gäste daran teil. Sie werden – genau wie die Neuankömmlinge unter den Dorfbewohnern und Mitarbeitern – gesondert begrüßt. Die Versammlung hat einen Vorsitzenden, der als Diskussionsleiter fungiert. Die Diskussion greift Dinge von allgemeinem Interesse auf. Es besteht aber auch die Möglichkeit, schon in der vorhergehenden Woche dem oder der Vorsitzenden Diskussionsvorschläge zu machen.

Zu Beginn der Dorfversammlung wird das Protokoll der vergangenen Sitzung verlesen. Dabei passen alle Zuhörer ungewöhnlich genau auf. Die Wiederholung der wichtigen Punkte vom letzten Mal weckt die Erinnerung, und es werden von seiten der Anwesenden häufig Proteste und Kommentare laut.

Auch die Zahl der Beschwerden und Vorschläge ist groß. «Die Straßen sind vereist; es muß Sand gestreut werden.» Dagegen protestieren diejenigen heftig, die einen Stoßschlitten benutzen. «Die Läden sind nicht sauber genug.» «Der oder die kommt zu spät zum Essen oder zur Arbeit.» «Warum hat der Tanzunterricht nach den Ferien nicht wieder angefangen?» «Wer hat mein Fahrrad genommen?» «Was können wir tun, damit wir diesen Herbst mehr Kerzen herstellen?» Sehr oft handelt es sich bei denen, die gute Fragen stellen, um Teilnehmer, die in den Augen vieler als schwer entwicklungsgestört oder inkompetent gelten würden. Und manches Mal sind die, die sich zu Wort melden, sprachbehindert. Der oder die Vorsitzende scheint jedoch stets in der Lage zu sein, auch die undeutlichste Sprache zu verstehen und zu übersetzen – außer die von A und B, denn beide benutzen Geheimsprachen, die wunderschön anzuhören sind. Sie bekommen daher viel Applaus. Einer von beiden, ein Mädchen, ist nach seinem Vortrag völlig erschöpft. Es schwitzt und keucht wie nach einem Marathonlauf. Gleichzeitig liegt aber ein glückliches Lächeln auf seinem Gesicht. Es hat seine emotionale Botschaft verständlich gemacht.

Häufig finden zwischen den Teilnehmern der Versammlung Streitgespräche und heftige Wortwechsel statt. Manchmal brüllt jemand los oder verläßt den Saal. Bei der letzten Versammlung, an der ich teilgenommen habe, hatte ein Dorfbewohner einen epileptischen Anfall. Er wurde unauffällig hinaus- und nach Hause gebracht, ohne jede Unterbrechung der Versammlung. Epileptische Anfälle sind ein Teil des Lebens und dann wichtig, wenn ihnen Wichtigkeit beigemessen wird. Einmal wurde vor dem Saal, in dem die Versammlung stattfinden sollte, demonstriert. Es hatte Streit um das Thema Radio gegeben. Die Demonstranten, deren Anführer jemand mit Down-Syndrom war, machten sich für den Privatgebrauch von Radios stark. Sie bekamen ihren Willen. Im gleichen Saal fand auch der geschilderte Aufstand gegen den unliebsamen neuen Tagesrhythmus statt.

Also werden die allgemeinen Angelegenheiten – konkrete Dinge, die von Interesse für alle Anwesenden sind – tatsächlich von der Dorfversammlung entschieden. Da die Dorfbewohner soviel Interesse an ihren Mitmenschen haben, spielt es für sie eine große Rolle, was man dort sagt. Die Beteiligung an den Versammlungen ist daher hoch. Aber der Umgang mit einigen der wichtigsten Entscheidungen fällt bei so vielen Menschen nicht leicht, zum Beispiel wenn es um die Einrichtung neuer Dörfer, die Aufnahme neuer Mitglieder, den Bau neuer Häuser oder die Neugestaltung der Beziehungen zu den Behörden geht.

Um zu verstehen, wo denn nun diese Dinge entschieden werden, müssen wir uns mit den allgemeineren Grundlagen für die Verteilung der Macht innerhalb dieser Dörfer befassen.

Es gibt in den Dörfern keine Ämter oder Rollen, denen offiziell Befugnisse übertragen sind. Es gibt lediglich bestimmte Gruppen von Menschen, die die Möglichkeit haben, mehr Einfluß als andere zu erlangen.

Das Alter spielt zum Beispiel eine wichtige Rolle. Auch in diesem Punkt unterscheiden sich die Dörfer von der übrigen Gesellschaft. Der Rhythmus des Dorflebens, die ständige Wiederkehr aller Geschehnisse, läßt die Erfahrung zu einem wertvollen Vorteil werden. Die, die ein langes Leben hinter sich haben, verfügen über einen unschätzbaren Vorrat an dem Wissen, auf das es in den Dörfern ankommt: Die Beschränkungen hinsichtlich des Einsatzes gefährlicher Werkzeuge bedeuten eine Beschränkung ihrer Anziehungskraft auf wagemutige junge Leute mit Unternehmungsgeist; die gemeinschaftliche Lebensführung legt der übereilten Zurschaustellung materiellen Erfolgs Grenzen auf; der Nachdruck, der auf dem Lernen liegt, gilt nicht einem Lernen, das sich nur auf die «allerneusten Dinge» bezieht, sondern dem Vorstoß zu den überzeitlichen Problemen. So gibt es in den Dörfern auch keine Zeit des Ruhestands. Die aktive Beteiligung des einzelnen endet, wenn sein Leben endet. Das hohe Alter wird nicht als Bürde betrachtet, sondern als Lebensbedingung, als Zustand. Aus den genannten Gründen gewinnen meist diejenigen, die die längste Zeit in den Dörfern verbracht haben, den größten Einfluß. Unter ihnen werden in gewissem Umfang auch offiziell Führungskräfte ausgewählt. Dennoch stellt das Alter keine Garantie für das Ausüben von Einfluß dar, wie das folgende Beispiel zeigt. Von den Begründern der norwegischen Camphill-Dörfer sind drei noch am Leben; sie wohnen selbst in den Dörfern. Jedem einzelnen wird ein ungewöhnliches Maß an Hochachtung entgegengebracht, doch nur einer von ihnen übt starken, auf das gesamte System ausgedehnten Einfluß aus.

Verwandtschaftliche Beziehungen können gelegentlich auch Grundlage einer Machtposition sein. Im Verbund der Dörfer leben manchmal zwei Generationen von Erwachsenen zusammen. In einem der Dörfer hat es eine Familie gegeben, die ein paar Jahre lang vier Generationen umfaßte. Dennoch lassen sich kaum Verwandtschaftsbeziehungen erkennen, die irgendwie als Basis zur Machtausübung dienen. Sehr alte Menschen sind meist pflegebedürftig und strahlen weniger Autorität aus. Und zwischen den Generationen, die aktiv am Arbeitsleben der Dörfer teilhaben, scheinen keinerlei

Machtverquickungen entstanden zu sein. So hat sich kein dynastisches System entwickelt.

Das biologische Geschlecht ist hingegen von Bedeutung. Im großen und ganzen stellen die norwegischen Dörfer von Frauen bestimmte Gemeinschaften dar. Das Zuhause nimmt einen deutlich erkennbaren Stellenwert ein, und die Erfordernisse der Haushaltsführung stehen im Mittelpunkt vieler Gespräche. Die Männer nehmen zwar teil, aber dominieren nicht. Die traditionellen Domänen der Männer, Arbeit und technisches Wissen, haben keine Monopolstellung inne. Hohe Priorität genießen vielmehr Überlegungen zum «Wohlergehen der Arbeiter». Und das kulturelle Leben ist reich an Themen, die für Männer und Frauen gleich bedeutsam sind. Daraus folgt, daß die Dörfer keine Brutstätte männlicher Vorherrschaft darstellen, wie wir dies aus der übrigen Gesellschaft kennen. Hier treten starke Frauen in den Vordergrund, wenn es um das Fällen von Entscheidungen geht.

Ich möchte einen ganz anderen Vorschlag zur Klärung der Frage nach dem Einfluß machen. Das Ausüben von Einfluß hängt meiner Meinung nach von der Erfüllung folgender zwei Anforderungen ab. Erstens muß der oder die Betreffende die Anforderung erfüllen, in den drei großen Lebensbereichen – Haushalt, Arbeit und kulturelle Aktivitäten – mitzuwirken. Das zu leisten erfordert Erfahrung. Junge Leute sind da im Nachteil. Aber auch Männer insgesamt kommen weniger in Betracht.

Die zweite Anforderung ist mit Blick auf die moderne Gesellschaft sehr viel schwieriger zu umschreiben. Der Begriff «Rolle» hilft nicht weiter; vielmehr geht es um eine Art Persönlichkeitsprofil. Und mit Wissen hat es auch etwas zu tun. Aber es geht nicht um das Profil eines Philosophen oder Fachwissenschaftlers, wie man es aus dem akademischen Umfeld kennt. Es ist also nicht das Profil einer Person gemeint, die den größten Teil ihrer Zeit und Energie für die Belange der Wissenschaft nutzt. Im Gegenteil, in den Dörfern üben vielmehr diejenigen Personen Einfluß aus, die die Erfüllung der konkreten Ansprüche der Haushaltsführung und der Arbeit mit einer außergewöhnlich energisch betriebenen, lebenslangen Suche nach Erkenntnis aus der Art von Kunst und Literatur, die in den Dorfgemeinschaften als wichtig erachtet wird, zu verbinden wissen. In einem der Dörfer gab es einmal jemanden mit den Interessen und dem Persönlichkeitsprofil eines Gelehrten, der aber dazu neigte, sich zu verdrücken, sobald es an die Zwiebelernte ging. Anfangs wurde er sehr geschätzt, doch die Achtung schwand schnell dahin, und er verließ das Dorf, um eine Aufgabe zu übernehmen, die ihm die Möglichkeit bot, sich als Wissenschaftler zu spezialisieren. Andere Dorfbewohner besitzen außerordentliches Geschick, mit praktischen Problemen im Haushalt oder in den Werkstätten fertigzuwerden. Innerhalb dieser Bereiche sind sie völlig selbständig. Sie schließen vielleicht Telefonapparate an oder helfen – allen Einwänden zum Trotz – bei der Errichtung schöner Scheunen oder kleiner Fabriken. Sie sind ganz offensichtlich einflußreich. Wenn sie sich aber nicht sonderlich für das kulturelle Leben interessieren, haben sie nur geringe Chancen, in einer allgemeinen Führungsrolle anerkannt zu werden.

Die einflußreichste Person in den norwegischen Dörfern ist zur Zeit eine Frau, die sich in allen drei großen Lebensbereichen bewährt hat. Und ihr eigenes Leben stellt eine einzige große Suche nach geistigen Antworten dar. Unermüdlich forscht sie und hat sich so eine tiefe Kenntnis all jener Literatur angeeignet, die in den Dörfern als besonders wichtig gilt, insbesondere der Schriften Rudolf Steiners. Sie ist dazu noch eine charismatische Persönlichkeit, aber nicht in dem mißverständlichen Sinn, daß sie die Gabe besitzt, ihre Zuhörer zu verführen, indem sie sie durch ihre ausdrucksstarke Sprache mitreißt. Dazu ist sie zwar imstande, doch oft neigt sie eher zur Nüchternheit und benutzt ein Vokabular, das den meisten unverständlich bleibt. Ihr Charisma hat mehr mit der ursprünglichen Bedeutung dieses Worts zu tun, das heißt sie besitzt die Gabe, Botschaften zu vermitteln in dem Sinne, daß sie das Wesentliche einer Aussage aufdeckt. Das wird zum Beispiel deutlich, wenn sie erklärt, welche Entscheidungen den Grundideen der alten Meister am ehesten entsprechen. Sie fragt sich stets, welchen Standpunkt Goethe, König, Steiner oder deren Kommentatoren einschließlich ihrer eigenen Person in bezug auf ein bestimmtes Problem eingenommen hätten, und daran hält sie sich dann. Was das Sozialministerium meint, ist für sie vielleicht ein Denkanstoß, aber nicht unbedingt das letzte Wort. Sie ist so tief in einer übergeordneten Ideenwelt verwurzelt, daß sie sich den Behörden außerhalb der Dörfer gegenüber oft kompromißlos verhält. Sie ist immer freundlich, aber ohne jede Sentimentalität. Sie läßt sich auf keine Kompromisse ein, ist aber stets bereit, auch die radikalste Alternative auszuprobieren. Sie glaubt an Gott und würde gern ein Dorf erleben, das sich nach der buddhistischen Philosophie richtet. Sie ist eine Skeptikerin mit festen Überzeugungen. Solch eine Persönlichkeit ist die Frau, die derzeit den größten Einfluß auf die Camphill-Bewegung Norwegens nimmt.

Die Grenzen einer solchen Art von Einflußnahme sind jedoch bereits vorgezeichnet. Der Grund dafür liegt wiederum in der allgemeinen Forderung, daß die Dorfbewohner in sämtlichen wichtigen Aufgabenbereichen aktiv mitwirken müssen. Dieser Anspruch verhindert, daß jemand Einfluß gewinnt, der nicht den verschiedenen Herausforderungen des Lebens im Dorf ausgesetzt gewesen ist. Manche Weltanschauungssysteme fördern nämlich die Entstehung recht sonderbarer Führungskräfte. Da gibt es zum Beispiel Fanatiker, die ihre Gläubigen von den USA in die Karibik mitnehmen und dort ermuntern, kollektiv Selbstmord zu begehen, Gurus, die ihre Anhänger wirtschaftlich oder sexuell ausnutzen, und politische Führer, die ihre Anhängerschaft zur extremistischen Splitterpartei umfunktionieren. Um sich durchzusetzen, brauchen solche Führer Distanz, und zwar Distanz sowohl zu ihren Anhängern als auch zu den einfachen Dingen des Lebens. Sich bei der Bewältigung alltäglicher Pflichten hervorzutun ist ihnen schier unmöglich. Sie versagen, wenn es darum geht, Windeln zu wechseln, Verrückte rücksichtsvoll zu behandeln, Gemüse zu ernten und die Maria oder einen Dieb auf der Bühne darzustellen. Doch die Führungskräfte, die es in den Dörfern gibt, sind mit diesen Dingen vertraut, so vertraut, daß das gesamte Normensystem des Alltags stets berücksichtigt bleibt. Wenn sie nämlich die Normen der Fürsorglichkeit und gefühlvollen Anteilnahme außer acht ließen, befänden sie sich nicht in der Position, in der sie sind. Und weil sie so vertraut mit den einfachen Dingen des Lebens sind, werden sie diese Normen aller Voraussicht nach auch nie vergessen.

Sämtliche Dorfmitglieder müssen in sämtlichen Aufgabenbereichen aktiv tätig sein. Aus dieser Einschränkung ergeben sich weitere, in erster Linie die Beschränkung der Größe des Gesamtverbundes von Dörfern. Das Windelnwechseln braucht Zeit. Ebenso braucht es Zeit, ein großes Unternehmen zu leiten. Wenn jemand in die Pflichten des Alltags eingebunden ist, so hat das notwendigerweise zur Folge, daß ihm weniger Zeit für Führungsaufgaben zur Verfügung steht. Wenn das Netzwerk von Dörfern wächst, zersplittert es, was eigentlich nur von Vorteil ist. Wenn sich nämlich der Verbund unter einer zentralen Leitung vergrößern würde, müßte das System in völlig anderer Weise organisiert sein. Das wiederum hätte die Formalisierung der Machtverhältnisse, die Entstehung einer Bürokratie, die klare Eingrenzung von Entscheidungsbefugnissen und die Entwicklung hierarchischer Strukturen zur Folge. Die Belohnungen, die derzeit an das Leben im Dorf gekoppelt sind, gäbe es nicht mehr; die Arbeit würde zur Mühsal; Entscheidungen würden nicht mehr vor Ort gefällt. Und schließlich würde wohl auch die Forderung nach kompensatorischen Belohnungen, also nach finanziellen Anreizen, entstehen. Dann gäbe es wieder unterschiedliche Bezahlung. Die Dörfer würden zu Institutionen, und alles, was bis jetzt erreicht worden ist, wäre umsonst.

8.2   Belohnungen

Sämtliche Unternehmen, die wir aus dem Arbeitsleben kennen, verfügen über ein Belohnungssystem. Meist handelt es sich dabei um eine Beförderungsleiter, die Unterschiede im Gehalt, im Titel, in der Größe des Büros und in der Art der Arbeitsgeräte festlegt.

Oft wird auch die Tischordnung beim Mittagessen oder bei Besprechungen nach dem Rang der einzelnen Leute ausgerichtet. Der wichtigste Teilnehmer kommt meist als letzter in die Runde, damit keine Sekunde seiner kostbaren Zeit verlorengeht. Wenn die Sitzung beendet ist, verläßt er – es ist fast immer ein Er – als erster den Raum. Häufig gilt auch das Recht, Macht auszuüben, als integraler Bestandteil des Belohnungssystems. Manchmal wird es sogar als ein so wichtiger Teil betrachtet, daß andere Belohnungen in den Hintergrund treten.

Die Dörfer verfügen über so gut wie gar keine der üblichen Belohnungen. Beförderungen gibt es nicht, weil es auch keine Positionen gibt, in die man aufrücken kann. Der einzelne ist zwar für bestimmte Aufgaben verantwortlich, doch alle Aufgaben haben den gleichen Stellenwert. Keine darf sich im Laufe der Zeit als besonders wichtig herausstellen. Wenn jemand dazu neigt, irgendeiner Aufgabe innerhalb der Dorfgemeinschaft größeres Gewicht beizumessen, so wird der- oder diejenige häufig dazu ermuntert, den betreffenden Aufgabenbereich zu verlassen und in anderen Bereichen tätig zu sein. So wurde beispielsweise einer der Dorfbewohner, der ein Talent für Computer besitzt und die Buchführung bis zu einem gewissen Grad zentralisiert und perfektioniert hatte, sanft, aber bestimmt dazu aufgefordert, statt dessen auf dem Bauernhof zu arbeiten. Ein anderes Beispiel für diesen Vorgang ist die Bäckerei, die ständig ihre Produktivität gesteigert hat. «Das läuft zu gut», lautete das Urteil. «Wenn so viel Brot gebacken wird, ist das ein Zeichen dafür, daß andere Aufgaben vernachlässigt werden.» Um also der Überproduktion Einhalt zu gebieten, erhielten die Hauptbeteiligten wichtige Aufgaben im Bereich des kulturellen Lebens.

Es gab einmal ein Team von erfahrenen Dorfbewohnern, die von Dorf zu Dorf fuhren, um Ratschläge vor Ort zu geben. Diesem Team anzugehören war eine Aufgabe, die vermutlich einem offiziellen Amt am nächsten kam. Während ich das vorliegende Buch schrieb, erfuhr ich jedoch, daß sich die Gruppe aufgelöst hat, weil man der Ansicht war, daß sie die Bedeutung des Vorstandskomitees (*Representantskap*) schmälerte. Mitglied dieses Gremiums zu sein ist ein Vertrauensbeweis. Der Vorstand selbst ist freilich bemüht, das herunterzuspielen, indem er jeden Interessierten einlädt, an den meisten Vorstandssitzungen teilzunehmen. Was für alle da ist, kann nicht als Belohnung für einige wenige dienen.

Das Leben in der Dorfgemeinschaft hat eine gewisse Ähnlichkeit zum Familienleben. Dabei verbinden sich jedoch Elemente sowohl der traditionellen als auch der modernen Familie zu einer völlig neuen Form. Das Leben im Dorf ähnelt der traditionellen Familie darin, daß es eine große Zahl von Mitgliedern mit gemeinsamen Bindungen vereint. Die Hausgemeinschaften sind alle recht groß, und jedes Dorf kann für sich als eine noch größere Einheit ausgedehnter Verwandtschaftsbeziehungen gelten. So finden beispielsweise kleinere Feiern in den einzelnen Häusern statt, aber die großen Feste stehen allen Dorfbewohnern offen. Die Geburt eines Kindes stößt allgemein auf Interesse, und die Taufe stellt ein so großes öffentliches Ereignis dar, daß sie mit einem Fest begangen wird, zu dem das ganze Dorf eingeladen ist. Gleiches gilt sowohl für Hochzeiten als auch für Begräbnisse. In den Dörfern spielt sich das Familienleben nicht im verborgenen ab; sämtliche Bewohner nehmen daran teil.

Die Analogie zur modernen Familie besteht in der antiautoritären Struktur. In manchen Hausgemeinschaften gibt es zwar einen Paterfamilias (oder vielmehr eine Materfamilias), aber mit der Position des Familienoberhauptes sind kaum erkennbare Privilegien verbunden. In einigen Fällen lassen sich gewisse Vater- oder Mutterfiguren beobachten; dabei handelt es sich um Familienmitglieder, die mehr zur Erfüllung untergeordneter Pflichten beitragen, als sie eigentlich müßten. Aber allgemein ist es recht schwierig, in den Hausgemeinschaften der Dörfer eine Führungsrolle zu behaupten. Denn die neuen, zumeist jungen Mitarbeiter bringen bei ihrer Ankunft die Standardvorstellungen der Gesellschaft ringsum mit. Sie akzeptieren den alten autoritären Führungsstil nicht und beschweren sich oder kehren dem Dorf den Rücken. Solche Fälle hat es gegeben. Viele Mitarbeiter haben zudem eigene Kinder, und es ist immer wieder erstaunlich zu sehen, wie sehr diese von der allgemeinen Kultur norwegischer Kinder und Jugendlicher geprägt sind. In den Dörfern gibt es kein Fernsehen; dort liegt das Schwergewicht auf dem geistigen Leben, und nur sehr wenige Werte aus der Konsumgesellschaft finden Anerkennung. Die Kinder aber sind wie alle Kinder: meist laut und rebellisch, ein lebendes Beispiel jener verbreiteten Geisteshaltung, die jedwede Demonstration altmodischer Autorität rundweg ablehnt. Die Erziehung eines Kindes erfordert viel Fingerspitzengefühl; einem Jugendlichen ins Erwachsenendasein zu verhelfen, das ist, als wollte man einen Lachs mit einer Angel aus dem Fluß ziehen, die so brüchig ist, daß sie jeden Augenblick zu zersplittern droht. Autorität ist also nur von begrenztem Nutzen. Hinzu kommt die Tatsache, daß die Hauseltern in den Dörfern ständig unter Zeitdruck stehen. Sie müssen ja nicht nur den Haushalt, sondern auch ihre Arbeit bewältigen und nehmen am kulturellen Leben teil. So besteht das Problem der meisten Familien im Dorf weniger in einem zu absoluten Autoritätsanspruch als vielmehr darin, daß es den Mitgliedern sowohl an der Zeit als auch an der Bereitschaft mangelt, die Verantwortung für notwendige Entscheidungen und Erledigungen zu übernehmen.

Daher ähneln die Belohnungen dort auch mehr den Belohnungen innerhalb von Familien, in denen es ziemlich demokratisch zugeht. Das heißt, es gibt eigentlich gar keine – nur Achtung und Liebe, mehr nicht. Es wird weder die Mutter des Jahres gekürt, noch gibt es besondere Auszeichnungen für den Vater, die Tante oder den gehorsamen Sohn. Das Zusammenleben verläuft ganz normal und ist von ganz normalen Grundsätzen bestimmt. Im Gegensatz zu offiziellen Einrichtungen werden dort weder genaue Ziele vorgegeben noch Regeln aufgestellt, wie diese Ziele zu erreichen sind. Das Fehlen ausführlicher Anweisungen zum Erreichen bestimmter Ziele hat jedoch zur Folge, daß Leistungen nicht mehr meßbar sind. Es gibt also keine Sieger. Oft heißt es: «Sie war eine gute Mutter.» Warum war sie denn eine gute Mutter? Wenn die Kinder diese Frage bei der Beerdigung zusammenfassend beantworten sollten, haben sie vielleicht große Schwierigkeiten, eine genaue Erklärung für das Wie und Warum zu finden. Möglicherweise hat es etwas mit der häuslichen Atmosphäre zu tun, mit dem täglichen Gang der Dinge und den unzähligen Begegnungen, von denen die Mehrzahl hoffentlich gut gewesen ist. Innerhalb von Organisationen müssen Leitern erklommen und Ziele erreicht werden. Das Familienleben jedoch ist ein Zweck an sich. Der Weg ist das Ziel.

In den Dörfern ähnelt der gesamte Lebenszusammenhang dem Familienleben. Daraus entsteht ein ganz spezielles Problem: Was geschieht mit denen, die ihres multifunktionalen Daseins überdrüssig werden und meinen, sie verdienten besondere Aufmerksamkeit und Belohnung? Was geschieht mit den Prestigesüchtigen, wenn Prestige gar nicht erhältlich ist?

Innerhalb anders gearteter sozialer Ordnungen werden folgende zwei Lösungen praktiziert: Entweder bekommen die Betreffenden irgendeine ehrenamtliche Aufgabe, oder sie müssen gehen. Keine dieser beiden Lösungen ist jedoch auf die Dörfer übertragbar, insbesondere die des Ausschlusses nicht. Es ist nicht möglich, die Dörfer einfach zu verlassen. Sie sind eine einzigartige Welt, die so verlockend erscheint, daß die normale Gesellschaft in den Augen sowohl derer, die einen Weggang erwägen, als auch jener, die sie darin bestärken möchten, recht dürftig wirkt. Und wer erst einmal mehrere Jahre in einem solchen Dorf gelebt hat, besitzt nicht mehr genügend Geld, um anderswo ein neues Leben zu beginnen. Alle Bedürfnisse wurden versorgt und alles überschüssige Geld ins Dorf investiert. Außerdem wird der Ausschluß desjenigen, der schon lange Zeit im Dorf verbracht hat, als Verstoß gegen eine der elementarsten Grundregeln aufgefaßt. Die Dörfer sind für den gesamten Lebenszyklus da. Genau das ist die Botschaft, die uns der Friedhof übermittelt.

Es besteht auch nicht die Möglichkeit, ehrenamtliche Posten zu vergeben, da es ja keine offiziellen Machthaber gibt. Damit sind ehrenamtliche Aufgaben hinfällig. Weder im zunehmenden Alter noch für besonders gute Taten werden irgendwelche Sonderrechte verliehen. Die Bürde des Alters erscheint gegenüber den vielen anderen Bürden, die in jedem dieser Dörfer zu beobachten sind, vergleichsweise gering. Das Alter stellt dort lediglich ein Attribut dar, das nur auf begrenztes Interesse stößt. Niemand achtet auf das gesetzliche Pensionsalter. Obwohl es keine Bezahlung gibt, arbeiten die Menschen dort so lange an den vielen unaufschiebbaren Aufgaben des Gemeinschaftslebens, bis sie im wahrsten Sinne des Wortes nicht mehr funktionstüchtig sind. Verglichen mit den Folgen, die das Alter im Rest der Welt mit sich bringt, ist dies von Vorteil; wenn man das Alter aber als Kriterium für die Einräumung besonderer Rechte anführen will, stehen die Chancen für die Alten in den Dörfern schlecht.

Diejenigen, die sich nicht damit begnügen können, bloß anständig und bescheiden zu sein, geraten also in Not und das jeweilige Dorf mit ihnen. Das ist der Preis eines solchen Systems. Ehrenamtliche Posten können dort nicht verfügbar sein, denn sie bedeuteten einen Verstoß gegen die grundlegende Forderung nach aktiver Beteiligung des einzelnen und völliger Gleichbewertung sämtlicher Aufgaben.

Die Dörfer bieten also keine Bewegungsmöglichkeiten in der Vertikalen, aber dafür sind diejenigen in der Horizontalen nahezu unbegrenzt. Dorfbewohner wie Mitarbeiter sind ständig irgendwie unterwegs. Sie reisen oder ziehen um, und zwar nicht nur innerhalb desselben Dorfs, sondern auch in fremde Dörfer, sogar in die des Auslands. Nur eine Minderheit bleibt länger als drei oder vier Jahre in ein und demselben Haus. Meist ziehen Einzelpersonen oder Paare um, manchmal aber auch größere Teile einer Hausgemeinschaft. Auch der Arbeitsplatz wird häufig gewechselt. Diese Mobilität fungiert offenbar als eine Art Sicherheitsventil. Es kann ja beispielsweise geschehen, daß sich die Beziehungen innerhalb einer bestimmten Hausgemeinschaft trüben, weil man sich gegenseitig auf die Nerven geht. In einem anderen Fall ist vielleicht die Hausgemeinschaft oder gar ein ganzes Dorf auf der Suche nach einem neuen Mitglied. Die gleichen Dinge treffen auch für die Arbeitsplätze zu. Veränderungen wie diese haben den Vorteil, daß sie nicht eindeutig sind. So kann ein Umzug sowohl das Ergebnis eines Anstoßes als auch einer Sogwirkung sein; er resultiert entweder aus einem starken Bedürfnis nach Veränderung oder entspringt dem Wunsch, eine ganz bestimmte Person loszuwerden bzw. im Haus aufzunehmen. Wer in der einen Umgebung eine Nervensäge gewesen ist, erweist sich in einer anderen vielleicht als Bereicherung. Jemand, der extravertiert ist und immer viel Lärm macht, kann unter Artgenossen zum Problem, unter allzu sanften Menschen jedoch zum Segen werden. Unter dem Aspekt der Mobilität der Dorfbewohner ist es sehr vorteilhaft, daß sowohl sämtliche Hausgemeinschaften als auch sämtliche Dörfer nach dem gleichen Grundmuster organisiert sind. Ein Umzug bedeutet zwar neue Menschen und ein neues soziales Umfeld, aber weder eine neue Lebensform noch einen neuen Lebensrhythmus. Viele Dorfbewohner gehen ins Ausland, um für ein paar Tage oder sogar Jahre in fremden Dörfern zu Gast zu sein. Oft sprechen sie die jeweilige Landessprache nicht und werden von den Behörden als zurückgeblieben eingestuft. Aber der Rhythmus und die Organisation des Dorfes, in das sie kommen, sind ihnen vertraut. Binnen weniger Tage nach ihrer Ankunft funktionieren sie in dem neuen System.

Den Dorfbewohnern steht aber noch ein ganz anderer Weg offen. Er kann einerseits als Flucht, andererseits als Belohnung dienen. Es ist der Weg, der nach innen führt – entweder in Gedanken oder in der Meditation. Die Dörfer sind Orte der Besinnlichkeit. Die kurzen Augenblicke des Schweigens vor den Mahlzeiten und Zusammenkünften ermöglichen den Beteiligten, immer wieder ihren Kurs zu korrigieren. Das Leben im Dorf ist turbulent; es ist ein Leben mit unzählig vielen Pflichten und ein ständiger Kampf um deren pünktliche Erledigung. Dennoch hat es zugleich eine ganz besondere Stille an sich. Sie öffnet den Weg, der zu den Schätzen des Inneren führt.

Am 26. August 1988 erschien in der *Jerusalem Post* die Meldung, daß ein Redakteur in große Schwierigkeiten geraten sei. Einer seiner Artikel hatte das Mißfallen der ultra-orthodoxen Leser seiner Zeitung erregt. Der Redakteur wurde vor Gericht gestellt. Das Urteil lautete etwa wie folgt:

«Gottesfürchtige Anwohner werden auf Gerichtsbeschluß dazu ermahnt, sich mindestens vier Ellen – 2,4 Meter – von Rabbi Haim Katzenellenbogen, dem Oberhaupt der Tora V'Yira yeshiva und Anführer der militanten antizionistischen Neturai Karta, fernzuhalten. Er darf nicht als zehnter Mann in einer Gebetsrunde zählen. Er darf keinen Verdienst erzielen, der über das hinausgeht, was für den bloßen Lebensunterhalt notwendig ist. Es ist verboten, ihm ‹Shalom› zu wünschen.»

Eine brutale Bestrafung, vorausgesetzt das Urteil erlangte Rechtskräftigkeit. Aber handeln wir im täglichen Leben nicht alle manchmal so? Wir schwanken zwischen Nähe und Zustimmung auf der einen Seite und Distanz und Ablehnung auf der anderen. In sozialen Systemen mit einem engen Beziehungsgeflecht gibt es Tausende von Möglichkeiten, Mißfallen kundzutun. Sie werden auch in den Dörfern benutzt. Und sie sind dort noch wirksamer als sonst, weil es weniger Möglichkeiten gibt, sich zu verstecken. So wird zum Beispiel innere Distanz stärker spürbar, weil die meisten Menschen, an denen einem liegt, ständig in der Nähe sind. Es besteht keine Möglichkeit, Begegnungen auszuweichen, die keine echten Begegnungen mehr sind. Die Voraussetzungen, die es uns sonst möglich machen, der Erfahrung inoffizieller Sanktionen zu entfliehen, sind in den Dörfern nicht vorhanden.

Dort stehen sogar noch vier andere Sanktionsmechanismen zur Verfügung, und zwar die Dorfversammlung, die Nikolausfeier, der Umzug und als letztes Mittel der Ausschluß aus der Dorfgemeinschaft.

Die *Dorfversammlung* dient oft dazu, Kritik zu äußern. So sind beispielsweise die Bewohner, deren Aufgabe darin besteht, das Material für den Kompost zu sammeln, es vielleicht leid, ständig Flaschen, Dosen oder Kunststoff aus dem Abfall zu fischen. Während einer Dorfversammlung führen sie daher einen Sketch auf, um die gefährlichen Folgen nachhaltig zu demonstrieren. Es wird aber auch Kritik an Einzelpersonen geübt. «Jemand hat hinter meinem Rükken Lügen über mich verbreitet», sagt Peter. Eva antwortet verärgert, daß sie es nicht gewesen sei, doch Peter solle pünktlich zur Arbeit kommen. Ein Streit entsteht, und die versammelten Dorfbewohner hören interessiert zu. Jemand beschwert sich, daß auf den Fußwegen Motorrad gefahren wird. Es fällt kein Name, aber das ist auch nicht nötig; es gibt nur ein Motorrad im Dorf.

Vom *Nikolaustag*, dem 6. Dezember, wird ausgiebigst Gebrauch gemacht. Nach Meinung der Dorfbewohner ist das der richtige Tag, um diejenigen zu beschenken, die eine Belohnung verdienen. Als ich im Dorf wohnte, bekam ich ein Paar Engelsflügel. In einer kurzen Ansprache sagte mir der Hl. Nikolaus, daß ich zwar in Ordnung sei, meine Aufmerksamkeit aber ein klein wenig mehr gen Himmel richten solle. Ellen bekam ein schönes Kleid. Sie neigt dazu, sich nur um die Sorgen und Nöte anderer zu kümmern, und vergißt darüber ihre äußere Erscheinung. Andere bekamen Geschenke, die einfach nur nett waren. Das ganze Dorf war bei dem Abend anwesend, an dem so manche Geste beredter war als Worte.

Ächtung ist der letzte Schritt. In der Geschichte der norwegischen Dörfer ist diese Maßnahme bislang äußerst selten zur Anwendung gelangt. Das übliche Aufnahmeverfahren besteht darin, daß die Dorfbewohner zunächst eine Probezeit im Dorf verbringen. Wenn diese Zeitspanne vorüber ist und sie bleiben möchten, geht man allgemein von der Vorstellung aus, daß sie den Rest ihres Lebens dort verbringen. In ein paar Fällen haben staatliche Behörden jemanden zwangsweise in ein Dorf geschickt. Es waren auch Leute aus geschlossenen Abteilungen da, die eine Vielzahl problematischer Verhaltensweisen zeigten und für Unruhe sorgten. Mit dieser Situation wurden die Dörfer nicht fertig. Und dann ist da auch noch der Fall von Z, der direkt aus der Haftanstalt kam. Nachdem er monatelang Aufruhr im Dorf gestiftet hatte, wurde sein Verhalten gegenüber kleinen Kindern so extrem, daß er zurück ins Gefängnis mußte (vgl. S. 21 ff.). Einmal wurden zwei Mitarbeiter formell aufgefordert, das Dorf zu verlassen; dennoch ist einer von beiden weiterhin für das betreffende Dorf tätig geblieben, und zwar zu einem dem üblichen Stand angepaßten Gehalt. Es ist auch vorgekommen, daß einigen jungen Mitarbeitern nahegelegt wurde, das jeweilige Dorf wieder zu verlassen. Manche gingen aus eigenem Antrieb, weil ihnen das Dorf oder bestimmte Einzelpersonen verleidet waren. Konflikte entstehen besonders schnell im Hinblick auf das Thema der Spezialisierung. Es ist nicht leicht zu akzeptieren, daß alles andere möglicherweise wichtiger als die Sache ist, für die ich Experte bin.

Besucher, die in die Dörfer kommen, wundern sich oft über die freundliche, mit Augenblicken der Stille durchmischte Atmosphäre, die dort herrscht. In gewisser Weise stimmt ihr Eindruck, was nicht heißen soll, daß das Leben im Dorf der reinste Frieden sei. Wenn man so dicht beieinander lebt, bekommen die einzelnen Parteien enorme Wichtigkeit füreinander. Gefühle wie Liebe und Haß kochen über. Es ist eigentlich erstaunlich, daß es nicht häufiger zu Explosionen kommt. Zum Teil erklärt sich das wohl aus dem Lebensrhythmus der Dörfer. Wenn Konflikte entstehen und Zorn sich aufstaut, führt das normalerweise zu Entladungen. Das ist auch in den Dörfern so, aber dort geschieht noch mehr. Die einzelnen Parteien begegnen sich bei den verschiedensten Anlässen. Wenn in einem Haus Streit ist, so treffen sich die daran Beteiligten auch beim Bibelabend. Er ist eine Art Reinigungsprozeß, hat einmal ein Dorfbewohner gesagt, ein überaus bedeutsames Ereignis, eine Zusammenkunft, deren Themen so gewaltig sind, daß sie aktuelle Streitigkeiten in den Schatten stellen. Es braucht nicht einmal über die Konflikte gesprochen zu werden, und doch sind sie beigelegt, wenn der Abend vorüber ist. Am nächsten Tag treffen sich die Kontrahenten wahrscheinlich beim gemeinsamen Gottesdienst, und am Sonntagabend finden fast immer gemeinsam besuchte

Konzerte oder Vorträge statt. Die Augenblicke des Schweigens, die Kunst und die geistigen Herausforderungen schaffen Situationen, in denen man sich etwas unbehaglich fühlt, wenn man einen Konflikt mit seinen Mitmenschen schwelen läßt.

In diesem Kapitel haben wir vergeblich nach den Machthabern in den Dörfern gesucht. Es gibt keinen König, keine Königin, keinen Präsidenten, kein Oberhaupt, das diesen Namen verdiente, keinen Vorstand, der sich darum reißt, Entscheidungen zu fällen, und keine Wahlen. Es gibt lediglich gewisse vorprogrammierte Schranken gegen jedwede Form der Spezialisierung; daher üben nur diejenigen, die ihre Pflichten im Haus, ihre Arbeit und ihre Aufgaben im kulturellen Dorfleben miteinander zu verbinden wissen, Einfluß aus. Es gibt zwar eine Frau, die ein wenig mehr Einfluß als die übrigen Dorfmitglieder nimmt, doch steht es jedem frei, sich ihr zu widersetzen, ohne dafür irgendeinen Nachteil befürchten zu müssen.

Was ist das für ein Gesellschaftssystem?

Entscheidungen werden gefällt, Bauernhöfe gekauft, Häuser gebaut, neue Leute aufgenommen und andere hinausgeworfen. Offensichtlich wird also Macht ausgeübt, aber in wessen Händen liegt diese Macht?

Wieder müssen wir auf den Gegensatz zwischen Staat und Gesellschaft, zwischen offenen Lebensgemeinschaften und auferlegten Klassifikationssystemen, zwischen Differenzierung und Schwarz-Weiß-Malerei zurückkommen. Die Dörfer stellen kleine Inseln des Widerstands gegen die Vorherrschaft staatlicher Kategorisierung dar. Sie umgehen die Kategorien, die üblicherweise im Hinblick auf Menschen oder Weltanschauungen Anwendung finden.

Mit dieser Einsicht sind wir nun ein Stück weiter: Die Machtstrukturen in den Dörfern und zwischen ihnen ähneln denen, die uns in relativ offenen Systemen ohne strenge hierarchische Ordnung begegnen. Es gibt zwar einen Vertrag hinsichtlich der Verteilung des Eigentums, aber der besagt lediglich, daß alles der Dorf-Treuhand gehört.

Des weiteren existiert ein Vertrag zwischen dem Staat bzw. den kommunalen Behörden und den Dörfern. Er regelt die Zahlung der staatlichen Gelder an die Dorfbewohner. Aber im Hinblick auf diejenigen, die nicht als versorgungsbedürftig gelten, existieren keine schriftlichen Abmachungen. Sie kommen einfach, bleiben oder gehen irgendwann wieder. Bis heute haben sie auf dem Papier keinerlei Rechte; es gibt weder vertragliche Regelungen noch ein garantiertes Einkommen, das sie bei einem Weggang mitnehmen könnten. Ihre persönliche Macht beruht einerseits auf dem Wert, den sie für die Dörfer haben, andererseits auf den Prinzipien des Anstands und der Gerechtigkeit, die zwischen den dort Lebenden Gültigkeit haben.

Keine Garantien, keine Klarheit, ein Leben jenseits aller vertraglichen Absicherung – das kommt uns heute wie ein Ding der Unmöglichkeit vor, solange wir nicht bedenken, daß dies schon immer die Lebensweise der meisten Menschen gewesen ist.

9

Eine seltene Spezies

Bei einem Spaziergang durch den Wald ist man von vielen Geheimnissen umgeben. Wenn beispielsweise im Winter Neuschnee liegt, dann dämpft der weiße Puder jeden Laut. Doch auch ein anscheinend schweigsamer Wald ist niemals völlig still. In der Ferne ertönt der Ruf eines Wintervogels, und die Bäume ächzen unter der Last des Schnees. Überall sind die Spuren der Waldbewohner zu entdekken: Hier ist ein Hase entlanggesprungen; dort nähert sich ihm Gefahr in Gestalt der Fährte eines Fuchses, der mit seinem buschigen Schwanz die oberste Schneeschicht hinweggefegt hat. Und was ist das für ein tiefer Abdruck dort? Hat da etwa ein Elch geschlafen, so nah bei der Stadt?

Leben bedeutet zu interpretieren, Zeichen zu lesen und zu deuten. Was ist das da für ein Phänomen? Was ist das für eine Pflanze? Was für ein Tier? Was für ein Mensch? Was für eine Gemeinschaft von Menschen?

Um zu verstehen, ziehen wir Vergleiche. Wir vergleichen die eine Spur mit anderen Spuren, das eine Gesellschaftssystem mit anderen Systemen.

9.1   Die Villa in der Stadt

Als die norwegischen Dörfer noch recht jung waren, fand im Gesundheitsministerium eine Konferenz statt. Der zuständige Arzt, ein freundlich gesonnener Mann, der stets zugunsten der Dörfer sprach, wollte das Thema eines Behandlungsplans für die Dorfbewohner erörtern. Er warf die Frage nach ihrer Rehabilitation, ihrer Wiedereingliederung in die allgemeine Gesellschaft, auf und äußerte sich anerkennend darüber, daß Vidaråsen in einer nahegelegenen

Stadt eine Villa gekauft hatte, um ein paar Dorfbewohnern mit einer verhältnismäßig geringfügigen Anzahl von Problemen die Möglichkeit zu geben, dort unter der Betreuung besonders erfahrener Hauseltern zusammenzuwohnen. Dieses Vorhaben galt als ein erster Schritt auf dem Weg zurück in die Gesellschaft.

Die Villa erwies sich unmittelbar als Erfolg. Alle, die dort hinzogen, fanden in der Stadt Arbeit. Sie verdienten Geld und schienen den Herausforderungen der modernen Industriegesellschaft gewachsen. Ihre Arbeitstage im Dorf wurden schon bald zur Legende.

Doch wie sie ihre Abende und ihre Freizeit verbrachten, fand weniger begeisterte Zustimmung. Von der Arbeit gingen sie direkt nach Hause in die Villa: Dort wurden sie zwar von den zur Elite der Mitarbeiter gehörenden Hauseltern herzlich empfangen, aber tagaus, tagein waren sie mit denselben Menschen zusammen. Die fünf oder sechs Bewohner der Villa waren völlig unter sich, und so begrenzt wie die Anzahl der Personen war auch das Programm, das eine so kleine Gruppe auf die Beine stellen konnte.

Nun lebten sie also in der Stadt, waren einerseits halb dabei, dem Leben im Dorf den Rücken zu kehren, und andererseits drauf und dran, zu ganz normalen Menschen im normalen Alltag der Stadt zu werden. Sie begannen, sich nach dem normalen Leben unter normalen Menschen zu sehnen. Nachbarn luden sie zum Kaffee ein, aber bei ihnen handelte es sich um alte Leute, und die Dorfbewohner fühlten sich jung. Also machten sie sich auf die Suche nach ihresgleichen, nach ganz normalen Freunden.

Sie gingen dort auf die Suche, wo alle anderen suchen: in der Bahnhofsgaststätte, in durchgehend geöffneten Snack-Bars oder im Hafen. An öffentlichen Plätzen also, an Stellen, die für die meisten Menschen nur Durchgangsstationen sind, für die sozial Benachteiligten aber Orte der Hoffnung bedeuten. An solchen Orten kann man sich aber nicht aufhalten, ohne irgend etwas zu verzehren. Bier war nur allzu leicht erhältlich, und einige der Dorfbewohner gerieten auf die schiefe Bahn. Manche haben bis heute den Absprung nicht wieder gefunden.

Warum schlug das Experiment fehl?

Aus der zeitlichen Distanz des Rückblicks lassen sich im wesentlichen zwei Gründe dafür finden. Erstens war die Villa eben keine Dorfgemeinschaft, und zweitens bieten die modernen Städte keinen Lebensraum für Menschen, die anders als die meisten von uns sind.

9.2   Sind die Dorfgemeinschaften Institutionen?

Der freundliche Arzt schätzte Vidaråsen zwar und lobte das Dorf als hervorragende Einrichtung, die offen für Experimente sei und eine Vielzahl zwischenmenschlicher Kontakte ermögliche. Dennoch war das Dorf für ihn immer noch eine Institution, nicht die Lebenswirklichkeit. Daher stellte es für ihn fraglos eine Verbesserung dar, wenn die dort lebenden Menschen das Dorf wieder verließen und ins wirkliche Leben zurückkehrten.

Diejenigen aber, die enge Kontakte zu den Dörfern haben, sind ganz anderer Ansicht. Für sie stellen die Dörfer das wirkliche Leben, ein vielleicht sogar ungewöhnlich realistisches Leben, dar. Sie sind sich darüber einig, daß das Leben in privaten oder gesellschaftlichen Institutionen oft weit weniger zufriedenstellende Aspekte hat, und behaupten, daß die Dörfer weit davon entfernt sind, institutionellen Charakter zu haben. Ist diese Behauptung richtig?

Vier Merkmale sind für die meisten Heime und Anstalten typisch. Erstens wird dort die meiste Zeit innerhalb eines begrenzten Bereichs verbracht. Arbeit, Freizeit, Schlaf – alles findet unter ein und demselben Dach statt, und ständig nehmen dieselben Menschen daran teil. Dieses Charakteristikum trifft auch auf die Dörfer zu. In ihrem Fall ist es die auf Gemeinsamkeit ausgerichtete Lebensführung, die in krassem Gegensatz zum normalen Alltag in den meisten Familien steht. Dort verlassen die Angehörigen meist sowohl für die Arbeit als auch für die Freizeit ihr Zuhause und die unmittelbare Nachbarschaft, um Anschluß an verschiedene Personengruppen zu suchen, die sich untereinander nicht einmal kennen. Was diesen Punkt betrifft, sind die Dörfer also den Institutionen vergleichbar.

Ein zweites charakteristisches Merkmal institutioneller Einrichtungen ist die klare Unterscheidung zwischen Betreuern und Betreuten. Besonders wichtige Mitglieder des Personals nehmen für sich in Anspruch, Experten ihres Fachs zu sein. Oft verfügen sie über eine spezielle fachliche Ausbildung. Da gibt es zum Beispiel das Heer in Weiß, die Ärzte und Krankenschwestern, oder das Heer von Aufsehern mit Schlüsseln, die die Insassen einsperren. Des weiteren gibt es die, die den Vorteil des Alters genießen, wie etwa die Senioren in Internaten oder aber die jungen Leute in Altenpflegeheimen. Und es gibt die, die an den Besprechungen teilnehmen, über eigene Büros, eine eigene Kantine oder gesonderte Tische in der Gemeinschaftskantine verfügen. Fast immer haben all diese Angehörigen des Personals Machtbefugnisse über das Nicht-Personal.

Die hierarchische Aufsplitterung ist ein für alle Institutionen bestimmendes Element, nicht aber für die Dörfer. Wie wir gesehen haben, wird dort die Trennung zwischen ihnen und uns auf ein Minimum reduziert. Das zeigt sich in so unterschiedlichen Bereichen und Aspekten des sozialen Lebens wie etwa dem Wege- und Straßennetz, das als Alternative zu den Besprechungen fungiert, dem Prinzip der Arbeitsteilung oder dem Glauben an die Würde jeder einzelnen Seele. Vor allem aber resultiert ein fundamentaler Unterschied zwischen den Dörfern und dem Leben in Anstalten und Heimen aus der Tatsache, daß Wächter und Krankenschwestern nach Hause gehen, also das begrenzte Umfeld der jeweiligen Institution verlassen, weil sie außerhalb ein eigenes Leben führen, mit einem eigenen Zuhause, einer eigenen Familie und eigener Freizeit. Die Zeit, die sie innerhalb der Institution verbringen, ist bezahlte Arbeit. Im Dorf dagegen sind alle ständig anwesend, manche sogar für immer. Sie leben, handeln, arbeiten und entspannen sich gemeinsam. Das Leben im Dorf ist allumfassend. Es ist eine Ganzheit, ein Leben in völliger Gemeinschaft, totaler als jede totalitäre Institution, wie Goffman paradoxerweise 1961 festgestellt hat.

Wenn die Dörfer überhaupt mit irgend etwas vergleichbar sind, dann eher mit einem Schiff als mit einem Krankenhaus.

Ein drittes Wesensmerkmal von Heimen und Anstalten besteht darin, daß das Leben dort nach einem bestimmten Plan abläuft und auf ein genau definiertes, allgemeines Ziel ausgerichtet ist. Haftanstalten und Krankenhäuser sind die besten Beispiele dafür; aber Fürsorgeheime für Kinder, Studentenwohnheime, Altenpflegeheime oder Einrichtungen für verschiedene Gruppen behinderter Menschen gehören ebenso dazu. Bestrafung, Behandlung, Erziehung oder Pflege stehen hier als Ziele im Vordergrund.

Daß die Camphill-Dörfer nicht irgendeine Bestrafung als Ziel verfolgen, versteht sich von selbst. Sie sind auch nicht dazu da, Menschen irgendwie abzusondern oder zu isolieren. Niemand wird daran gehindert, zu gehen, wenn er möchte. Neue Mitglieder verbringen zunächst ein paar Wochen im Dorf. Wenn ihnen das Leben im Dorf gefällt und die Gemeinschaft sie akzeptiert, finden sie dort eine bleibende Heimat. Die Frage nach etwaigen Behandlungsmethoden ist jedoch etwas komplexer. Ein anderes Wort für Behandlung ist Heilung, ein Begriff, der den Prozeß des Heilwerdens, der Ganzwerdung, beinhaltet. So gesehen stellen die Dörfer tatsächlich Stätten der Heilung dar. Der Heilungsprozeß ist bei ihnen aber nicht zeitlich befristet, sondern ein ununterbrochenes, fortdauerndes Geschehen. Es umfaßt alle, die dort leben, nicht nur die, die von den Behörden als entwicklungsgestört beurteilt werden. Auch die Dorfbewohner selbst betrachten das Dorf nicht als vorübergehenden Aufenthaltsort, sondern als Ort ihres ständigen Zusammenlebens. Und was das herkömmliche Verständnis von Behandlung betrifft, so sind die Dörfer ganz gewiß nicht zu solchen Maßnahmen bestimmt. Es gibt keine Behandlungsmethode für das Down-Syndrom. Durch frühzeitige Tests und Schwangerschaftsunterbrechungen läßt sich die Existenz der davon Betroffenen verhindern, und durch Gesichtsoperationen ist es in gewissem Umfang möglich, Mongoloide wie ganz normale Menschen aussehen zu lassen. Doch die Mitglieder der Dörfer lehnen beide «Lösungen» ab. Sie wollen lieber Formen des Gemeinschaftslebens schaffen, die solchen Menschen förderlich sind. Kranke werden selbstverständlich behandelt, aber eine Behandlung gegen das Anderssein findet nicht statt.

Sowohl in Vidaråsen als auch in den übrigen Dörfern gibt es vielfältige Unterrichtsangebote. Einige Bewohner lernen zu lesen und zu schreiben, andere zu stricken oder Flöte zu spielen, und wieder andere üben sich in Eurythmie. Die meisten hören sich mehrmals pro Woche Vorträge oder Konzerte an. All das ist aber Teil des Zusammenlebens im Dorf; die Erziehung stellt kein spezielles Ziel des Aufenthalts dort dar.

Und was ist mit der Fürsorge? Die Antwort lautet in etwa gleich. Fürsorge gibt es in den Dörfern überall, doch auch sie umfaßt alle Bewohner, denn sie ist untrennbar mit dem Leben dort verbunden und stellt kein spezielles Ziel dar. Das Ziel heißt Leben. Freilich ist es gerade in diesem Punkt schwierig, zwischen den Dörfern und den Institutionen innerhalb der übrigen Gesellschaft zu unterscheiden. Insbesondere Altenpflegeheime oder Heime für dauerhaft Behinderte ähneln den Dörfern darin, daß es sich bei ihnen nicht unbedingt um zeitlich befristete Einrichtungen handelt.

Und nun zum letzten Aspekt: In Heimen und Anstalten leben immer viele Personen einer ganz bestimmten Gruppe zusammen. Dort befinden sich also entweder Gefangene, Patienten, Schüler, alte Menschen oder Behinderte.

Trifft das auch für die Dörfer zu?

Die Antwort darauf hängt von der Perspektive ab, die man einnimmt. Von einem konventionellen Standpunkt aus betrachtet sind generell mehr Menschen einer bestimmten Gruppe innerhalb des begrenzten Raums der Dörfer zu finden, als es sonst in der Gesellschaft üblich ist. Es gibt dort mehr Menschen, die eine Behindertenrente erhalten, und viele, die finanzielle Entschädigungen bekommen. Unter diesem Aspekt ähneln die Dörfer daher den meisten Institutionen, in deren begrenztem Umfeld auch verhältnismäßig viele Personen ein und derselben Gruppe zusammenleben.

Aus der Sicht der Dörfer selbst nimmt sich die Sache jedoch ganz anders aus. Bei den Dorfbewohnern handelt es sich um individuelle Charaktere, um Persönlichkeiten. Wegen ihrer Verschiedenheit von der Mehrheit der Bevölkerung ähneln sie zwar einander, dennoch sind sie auch individuell verschieden. Heime und Anstalten machen solche individuellen Unterschiede oft zunichte. Manchmal treten Nummern an die Stelle der Namen; Uniformen oder vom Staat zur Verfügung gestellte Bekleidung, ein obligatorischer Haarschnitt sowie leere Zimmer oder Zellen, in denen keinerlei private Habe geduldet wird, tun das ihre, um die Betreffenden äußerlich anzugleichen. Im Gegensatz dazu betont das Dorfleben die Individualität des einzelnen und in gewissem Umfang auch seine Andersartigkeit. So gesehen erscheint die Situation also genau umgekehrt. Da sind es die Menschen in der Gesellschaft außerhalb, die sich völlig gleichen. Angepaßt an die Grundanforderungen der Industriegesellschaft mit ihrem Zwang zum Konsum der produzierten Waren wirken sie wie blasse Kopien. Die Dörfer stellen hingegen einen Lebenszusammenhang dar, der die Entwicklung individueller Unterschiede fördert. In ihnen herrscht Individualität.

Fassen wir es kurz zusammen: Diese Dörfer ähneln privaten und gesellschaftlichen Institutionen darin, daß sie in ihrem begrenzten Umfeld sämtliche Lebensbereiche umfassen. Aus der Sicht offizieller Stellen sind sich beide auch in dem Punkt gleich, daß sie eine große Zahl von Personen einer Gruppe beheimaten. (Aus der Sicht der Dorfbewohner verkehrt sich dieser Aspekt allerdings ins genaue Gegenteil.) Die Dörfer unterscheiden sich aber von Heimen und Anstalten darin, daß ihre Organisation nicht der Erfüllung eines genau bestimmten, abstrakten Zwecks dient, und vor allem darin, daß keine bewußte Trennung zwischen mir und dir, ihnen und uns vorgenommen wird.

Wenn wir die Industriegesellschaft als beispielhaft dafür nehmen, was ein normales Leben überhaupt ist, dann stellt sich das Leben im Dorf rein statistisch betrachtet nicht als Normalität dar.

Die Menschen dort kennen sich gegenseitig. Fast alle wissen, wie jeder einzelne heißt. Sie nennen einander beim Vornamen, sie begegnen einander ständig, sie sind sich gegenseitig wichtig, sie hassen und lieben einander und machen sich nicht die Mühe, dies zu verbergen. Sie helfen einander, sie tun sich gegenseitig weh, und sie kümmern sich umeinander. Die Dörfer sind also quicklebendig. Sie stellen ganz typische festgefügte Gemeinschaften dar.

Wenn man von ihnen zurück in das normale Großstadtleben kommt, ist man über den großen Gegensatz erstaunt. Die Städte sind dicht bevölkert, und ihre Gesellschaft baut auf dem Prozeß der Spezialisierung auf. Das schafft die Voraussetzungen für Ungleichheit und Spaltung. Zwar gibt es auch in größeren Gesellschaftsformen gegenseitige Abhängigkeiten, doch sie bestehen nur zwischen den einzelnen Rollen oder Funktionen. Die Akteure dagegen sind austauschbar. Das komplexe System technischer und sozialer Werkzeuge muß funktionieren; dabei hängt der Erfolg jedoch nicht von irgendeinem einzelnen ab. Die gesellschaftlichen Funktionen müssen erfüllt werden; dabei ist es jedoch egal, wer im einzelnen eine bestimmte Rolle übernimmt. Im Interesse eines reibungslosen Ablaufs werden sogar größere Bevölkerungsgruppen einander angeglichen, damit sie austauschbar sind. Dabei entsteht die Gefahr, daß sich die Menschen in diesen Zusammenhängen einander entfremden. Die meisten von uns sind zwar in bestimmte Beziehungsmuster eingebunden, doch die Mehrzahl derjenigen, die in unserer räumlichen Nähe leben, kennen wir nicht.

Fremde hat es immer gegeben. Sie lebten am äußersten Rand des Jagdreviers, außerhalb des Dorfs oder vor den Toren der kleinen Stadt und verbreiteten Angst und Schrecken. Mit dem Wachstum der Städte hat sich aber für die meisten Menschen eine völlig neue

Situation ergeben. Das Markenzeichen moderner Städte ist ihre Anonymität. Die Fremden sind in unserer Nähe eingezogen; oft wohnen sie sogar im gleichen Haus und bleiben dennoch auf Distanz.

Verglichen mit dieser Art von Gesellschaft sind die Dörfer ganz anders. Sie bilden eine festgefügte Gemeinschaft, in der die einzelnen voneinander abhängig sind, und zwar als individuelle Menschen, als Personen, nicht nur als jemand, der eine bestimmte Aufgabe oder Funktion erfüllt, die ohnehin nicht ihm allein gehört. Die Camphill-Dörfer sind allenfalls mittelalterlichen Kleinstädten vergleichbar; mit heutigen Siedlungsformen haben sie nichts gemein. Aber auch dieser Vergleich hinkt. Denn wie bereits mehrfach erwähnt, besitzen die Dorfgemeinschaften aus der Sicht von Außenstehenden, speziell aus der Sicht staatlicher Behörden, eine ungewöhnlich hohe Anzahl von Bewohnern, die dem Leben innerhalb der normalen Gesellschaft nicht gewachsen sind, die Anspruch auf eine Rente haben oder besonders hilfsbedürftig sind. Darin unterscheiden sie sich vom Prototyp mittelalterlicher Städte, in denen es eine ausgewogenere Verteilung der verschiedenen Bevölkerungsgruppen gab. Eine Konzentration einzelner Gruppen hat es immer nur in eigens dafür bestimmten Stadtvierteln gegeben. Solche Viertel trugen oft die Bezeichnung Ghetto.

9.4   Das Dorf als Ghetto

Nach einer umstrittenen historischen Deutung leitet sich der Begriff Ghetto von dem italienischen Wort *bourghetto* («kleine Burg») ab, das sowohl einen Ort des Schutzes als auch der Verbannung bezeichnete. Die früheren Gefängnisse entstanden aus den Burgen; sie waren entweder tiefe Verliese oder aber hoch in einem Turm gelegen, ein Ort der Einsamkeit für die in Ungnade gefallene Prinzessin. Das Leben im Ghetto beinhaltet nach dieser Deutung also zwei gegensätzliche Aspekte: Entweder werden die Menschen zwangsweise dorthin gebracht, oder aber sie versammeln sich dort zum Schutz.

In jüngerer Zeit verbindet sich mit dem Wort Ghetto mehr noch der Gedanke an eine bestimmte Rassenzugehörigkeit. So werden etwa italienische und chinesische Gemeinden in New York, türkische in Berlin oder Wohnanlagen skandinavischer Rentner in Spanien als Ghettos bezeichnet. Hinter diesem leichtfertigen Wortgebrauch verbirgt sich jedoch ein anderes Bild, eines, das unauslöschlich mit dem Mord an den Juden und der Schande Europas verknüpft ist. Ghettos waren jene Bezirke der Städte, in denen die Juden wohnen durften. Dort hatten sie ihre Synagogen, Schulen und Bildungszentren; dort lebten und arbeiteten sie, und dort wurden sie auch in ferner wie in naher Vergangenheit wiederholt das Opfer von Massakern. Sie wurden entweder im Ghetto selbst ermordet oder von dort in die Gaskammern deportiert. So verbinden sich mit diesem Begriff eigentlich nichts als schlechte Assoziationen.

Wir ändern die Realität jedoch nicht, indem wir vor dem Gebrauch bestimmter Wörter zurückschrecken. Es gibt Leute, die die Dörfer mit Ghettos vergleichen. Mit Recht, denn es bestehen tatsächlich Parallelen, denen wir auf den Grund gehen müssen. Dabei stehen wir aber sogleich einem Dilemma gegenüber. Wenn es wahr ist, daß die Camphill-Dörfer etwas mit den Ghettos gemeinsam haben, sich aber jeder bei einem solchen Vergleich unwohl fühlt, sollten wir dann nicht schleunigst versuchen, die Dörfer aus jeder Verbindung mit diesem schrecklichen Wort und seinen Assoziationen zu befreien? Das aber hieße, Hitler und Himmler zu einem dreifachen Sieg zu verhelfen. Wenn wir den Begriff des Ghettos tilgen, sind nicht nur die Juden vernichtet und die Ghettos in ihrer Bausubstanz zerstört. Es ginge uns auch das sprachliche Symbol für die Idee einer wichtigen Form des Zusammenlebens verloren. Die Nazis – und ihre Vorgänger in vergangenen Jahrhunderten – konnten morden und zerstören. Wenn wir jedoch bei jedem Übergriff böser Mächte auf unsere Umwelt Elemente unserer Vorstellungswelt verlieren, dann haben wir mehr als den Kampf gegen sie verloren. Dann geht uns ein Erbe verloren, dann geht uns die Verbindung zu all dem verloren, was an den alten Vorstellungen gut gewesen ist, und am Ende geht uns sogar das Wissen darum verloren, wie wir solch bedrohte Arten am Leben erhalten können. Darüber hinaus würden wir das Andenken der Menschen entweihen, die in den zerstörten Kulturformen lebten. Wir müssen also den Grundgedanken der Ghettos retten, wir müssen herausfinden, worin ihr Wesen besteht, um zu erkennen, ob sie auf Werte und Grundstrukturen des Lebens hinweisen, die auch für die moderne Gesellschaft bedeutsam sind.

Wenn wir also die Dörfer mit den Ghettos vergleichen, stellen wir sogleich einen wesentlichen Unterschied fest. Außenstehende und Vertreter des öffentlichen Lebens vertreten vielleicht die Meinung, daß die Bewohner der Camphill-Dörfer den Bewohnern anderer Dörfer ähnlich sind. Das aber ist nicht die Sichtweise der Menschen, die in den Dorfgemeinschaften leben. Sie erkennen einerseits Unterschiede untereinander und andererseits Gemeinsamkeiten mit den Menschen in der Gesellschaft außerhalb. Was den Bewohnern der Camphill-Dörfer Identität vermittelt, ist ihr Stolz auf das jeweilige Dorf als Form des Zusammenlebens, nicht der Stolz, irgendeiner Rasse zu entstammen, oder gar der Glaube, zu den Auserwählten Gottes zu gehören.

9.5   Das Dorf als Gemeinschaftsform

Im Zuge der Drogenproblematik sind viele Wohngemeinschaften für Drogenkonsumenten entstanden. Diese Form gemeinschaftlichen Lebens hat Ähnlichkeit mit den Dörfern. Die Lebensbedingungen der Drogenabhängigen und ihrer Betreuer sind gleich; sie teilen den Wohnraum und Arbeitsplatz miteinander und nehmen gemeinsam an kulturellen Aktivitäten teil. Aber es gibt auch gravierende Unterschiede. In besagten Wohngemeinschaften findet meist eine klare Differenzierung zwischen den beteiligten Personen, zwischen ihnen und uns, statt. Auch ist das Leben dort völlig geplant; alles läuft nach einem Behandlungs- oder Ausbildungsplan ab, der einen exakt formulierten Zweck erfüllt. Die Drogenabhängigen sollen in die Lage versetzt werden, allein mit ihrem Problem fertigzuwerden. Das Leben innerhalb der Gemeinschaft ist also zeitlich befristet. Als oberstes Ziel gilt, die Fähigkeit zu erwerben, außerhalb der Gemeinschaft zurechtzukommen. Daher gliedert sich das Gemeinschaftsleben auch in einzelne Phasen, die den vermeintlichen Fortschritt aufzeigen sollen: Die Betroffenen verbringen zunächst zwei Jahre in der Gemeinschaft; im dritten Jahr wird ihnen dann erheblich mehr Vertrauen entgegengebracht, und sie erhalten gewisse Sonderrechte. Man geht von der Annahme aus, daß ein Teil von ihnen zu diesem Zeitpunkt bereits reif für das Leben in der normalen Umwelt ist. Die Betreffenden sollen daher für die Neuankömmlinge Vorbildfunktion haben.

Tatsächlich aber bleibt nur eine Minderheit bis zu dieser letzten Phase. Einige, die dieser Minderheit angehören, aber auch manche derjenigen, die früher Reißaus nehmen, behaupten gelegentlich, daß sie eigentlich noch länger in der Gemeinschaft bleiben wollen, etwa in der Form, daß sie sie als eine Art Basis benutzen, zu der sie immer wieder, möglicherweise sogar für immer, zurückkehren können. Dieser Wunsch entspricht einer tiefen Sehnsucht nach Gemeinschaft, nach einer gemeinsamen Lebensform und ihren Leitbildern. Manche setzen ihn auch in die Tat um; sie kommen als Betreuer zurück.

Aus der Sicht der Dörfer besteht das Hauptproblem solcher Gemeinschaften genau in dem, was ein Teil dieser jungen Leute zum Ausdruck bringt. Das Zusammenleben in einem günstigen sozialen Umfeld hat etwas Unwirkliches an sich, wenn es nur der Behandlung oder Ausbildung dient und zeitlich befristet ist. Dann werden die Betroffenen nämlich irgendwann aus einem positiven, an bestimmten Idealen orientierten Lebenszusammenhang, der Wärme zwischen den Menschen weckt, herausgerissen und in eine Gesellschaft abgeschoben, die alles andere als eine Gemeinschaft ist und deren Gefühlsleben sich auf einem völlig anderen Temperaturniveau bewegt. In den Dörfern betrachtet man es nur als natürlich, daß positive Lebensgemeinschaften niemals zwangsweise beendet werden. Die, die bleiben wollen, sollten die Möglichkeit bekommen, dies für immer zu tun.

Unmöglich, so lautet vielleicht die Antwort von seiten der Gesellschaft und vieler Mitarbeiter in den therapeutischen Gemeinschaften. Dann ginge der ganzen Sache die Luft aus, weil es keine freien Plätze für neue Drogensüchtige gäbe. Aus der Sicht der Dörfer aber lautet der Lösungsvorschlag verständlicherweise: «Dann laßt doch die neuen Leute auch neue Gemeinschaften gründen!» Die alten Mitglieder sind doch ohnehin vermutlich langsam in der Lage, mehr Geld zu verdienen, und brauchen weniger Unterstützung vom Sozialstaat. So hätten Generationen von neuen Suchtkranken die Möglichkeit, in neue Wohngemeinschaften zu ziehen, und die Drogenproblematik könnte zu einer treibenden Kraft bei der Gestaltung des sozialen Gefüges eines Landes werden.

Wiederum würde wahrscheinlich der Hinweis auf die Unmöglichkeit erfolgen, diesmal vielleicht insbesondere aus den Kreisen der Fachleute. Wenn die Gemeinschaften nicht mehr der Therapie dienen, was geschieht dann mit den Therapeuten? Was ist mit den beruflichen Prinzipien und den Fallsammlungen? Was ist mit dem allgemeinen Nutzen für die Gesellschaft und dem Wissen, wie derartige Probleme zu bewältigen sind? Wenn die Richtlinien, das Nützlichkeitsdenken, die exakt formulierten Ziele und die Klientenrolle über den Haufen geworfen würden, dann wäre auch die Rolle der Fachleute hinfällig, und in den therapeutischen Gemeinschaften hätten nur noch die gewöhnlichen Lebensmaßstäbe Geltung.

Also bleibt alles beim alten. Wenn sich aber irgend etwas in der angedeuteten Richtung verändert hätte, wären die Wohngemeinschaften für Drogenabhängige zu sozialen Systemen geworden, die den Camphill-Dörfern, so wie sie heute sind, nahekämen.

Um zu verstehen, was die Dörfer denn nun eigentlich sind, haben wir – mit Sorgfalt und Bedacht, wie ich hoffe – den Versuch unternommen, diese empfindliche Spezies zu beschreiben. Um unser neugewonnenes Verständnis zu erweitern, haben wir versucht, die Dörfer mit anderen Formen des Zusammenlebens, zum Beispiel mit totalitären Institutionen, zu vergleichen. Wir entdeckten einige wichtige Gemeinsamkeiten, aber auch grundlegende Unterschiede. Die Dörfer, von denen hier die Rede ist, stellen keine institutionellen Einrichtungen dar und schon gar keine totalitären Institutionen, obgleich sie umfassender als das Leben innerhalb der normalen Gesellschaft sind. Ghettos und therapeutische Gemeinschaften kommen ihnen näher, aber auch da bleiben fundamentale Unterschiede bestehen.

Was also ist ein solches Dorf?

Ich bin versucht, mit den Worten des griechischen Lyrikers Konstantinos Kavafis zu antworten, der in seinem Gedicht «Ithaka» die Fahrt zur Insel folgendermaßen umschreibt*:

Wünsch dir eine lange Fahrt.
[...]
Immer halte Ithaka im Sinn.
Dort anzukommen, ist dir vorbestimmt.
Doch beeile nur nicht deine Reise.
Besser ist, sie dauere viele Jahre;
und alt geworden lege auf der Insel an,
reich an dem, was du auf deiner Fahrt gewannst,
und hoffe nicht, daß Ithaka dir Reichtum gäbe.

Ithaka gab dir die schöne Reise.
Du wärest ohne es nicht auf die Fahrt gegangen.
Nun hat es dir nichts mehr zu geben.

* Konstantinos Kavafis, *Brichst du auf gen Ithaka...*, Sämtliche Gedichte. 2. Aufl., Köln 1987, S. 17f.

Die Camphill-Dörfer haben gewisse Dinge mit den anderen hier genannten Sozialsystemen gemein; zugleich sind sie aber auch von ihnen allen verschieden. Sie haben einen eigenen Charakter, so eigen, daß uns weder eine allgemeine Theorie noch ein gängiger Begriff zur Verfügung steht, um kurz und bündig zu sagen, worin ihr Wesen besteht. Und weil uns ein geläufiges Wort oder fertiges Konzept fehlt, um ein derartiges Gemeinschaftsleben, ein derartiges Zusammenleben vieler Menschen der gleichen Art, das kein anderes Ziel kennt als zu leben und zu verstehen, allgemeinverständlich zu umschreiben, wollen wir es einfach dabei belassen, diese Art von Gemeinschaften als Dörfer zu bezeichnen.

Dörfer gehören eigentlich nicht zum geschichtlichen Erbe unseres Landes. In Norwegen, das zum Großteil aus Stein und Fels besteht, sind die Entfernungen zwischen den Feldern und Äckern so groß, daß die Familien früher gezwungen waren, sich verstreut anzusiedeln. Aber auch im Hinblick auf die Dörfer Mitteleuropas ist zu bezweifeln, ob sie in ihrer heutigen Form noch der gleichen Art angehören wie die hier beschriebenen. Die Dorfgemeinschaften der Vergangenheit sind den Camphill-Dörfern ein wenig ähnlicher, obgleich auch sie Klassenunterschiede kannten und sowohl von innen als auch von außen regiert wurden. Aber es gab in ihnen sowohl eine bestimmte Qualität des kulturellen Lebens als auch eine Form des Zusammenhalts, die dem kulturellen Dorfleben und der Zusammengehörigkeit in Vidaråsen und an den übrigen Orten nahekommen. Die moderne Welt hat den Dörfern als einer wichtigen sozialen Organisationsform den Garaus gemacht. Vielleicht tragen die außergewöhnlichen Bedürfnisse der außergewöhnlichen Menschen in den Camphill-Dörfern dazu bei, eine Form des Zusammenlebens modellhaft wiederentstehen zu lassen, die vermutlich für fast alle Menschen günstig ist. Vielleicht gelingt es jenen Dorfbewohnern, eine zumindest theoretische Debatte darüber auszulösen, wie bestimmte Teile unserer Städte in Ansammlungen von mehr oder weniger unabhängigen Dorfgemeinschaften umgewandelt werden könnten.

10
Ein langer Weg

Manchmal stelle ich meinen Studenten die Frage, wie sie sich in folgender Situation verhalten würden: «Sie sind in einen Bus eingestiegen. Vorn sind nur zwei Plätze frei, einer neben einem Mann, dessen Aussehen dem der meisten Menschen gleicht, und der zweite neben jemandem, der offensichtlich anders als die meisten ist. Offiziell würde man ihn wohl als zurückgeblieben oder vielleicht verrückt bezeichnen. Welchen Platz wählen Sie?»

10.1   Enthospitalisierung

«Individuelle Behinderten-Betreuung» heißt seit kurzem die Devise. Italien machte schon früh einen Anfang, indem es die staatlichen Einrichtungen für geistig Behinderte schloß. Die Patienten sollten die Kliniken verlassen und in die normale Gesellschaft zurückkehren. Die USA machten mit den Jugendgefängnissen einen Anfang. Jerome G. Miller, ein neuer Direktor, war über die Zustände, die er dort zu Gesicht bekam, schockiert und bot einige Anstalten so billig zum Verkauf an, daß ihm nichts anderes übrig blieb, als die jungen Häftlinge zu entlassen.* In den skandinavischen Ländern sind nicht nur sämtliche Einrichtungen für lästige Stadtstreicher, sondern auch viele Sonderschulen und Heime für körperlich oder geistig Behinderte verschwunden. Wiederholt haben Skandale das Vertrauen in diese Institutionen erschüttert. Heute besteht die Hauptvorgehensweise darin, die ehemaligen Insassen der verschiedenen

---

* Vgl. dazu Jerome G. Miller, *Last One over the Wall: The Massachusetts Experiment in Closing Reform Schools*, Columbus (Ohio) 1991.

Institutionen in das bestehende Gesundheits-, Schul- und Sozialwesen zu integrieren. Es gilt der Grundsatz, daß alle ein normales Leben innerhalb der normalen Gesellschaft führen sollen.

Das hört sich gut an, solange man besagte normale Gesellschaft nicht genauer betrachtet.

Die italienischen Frauen gehörten zu den ersten, die Einwände gegen die Parole «Schickt die Geisteskranken zurück zu ihren Familien» erhoben. Diese Familien haben sich in der Zwischenzeit enorm verändert. Sie sind nicht mehr so groß wie früher und können daher auf Dauer keine kostenlose Pflege durch die weiblichen Mitglieder garantieren. Der Weg aus der psychiatrischen Klinik führt also meist nicht in ein Zuhause voller Energie und Leben, sondern endet mit großer Regelmäßigkeit in einer Pension im Zentrum der Stadt oder gar im Dasein jener Obdachlosen, die, ihre sämtliche Habe in Platiktüten gestopft, die Prachtstraßen unserer modernen Städte bevölkern. Manchmal führt er auch zu einer anderen Art von Institution: ins Gefängnis.

Am Ende der Straße aus den Institutionen steht also oft die Verzweiflung. Dear und Wolch haben in ihrer 1987 veröffentlichten Studie nicht nur den Weg von der Enthospitalisierung zur Obdachlosigkeit eindringlich geschildert, sondern auch die speziellen Gefahren verdeutlicht, die sich dabei zeigen. Diejenigen, die ohne positive Alternativen sind, enden oft im Zentrum der Großstädte. Dort gibt es nicht nur die meisten Absteigen, sondern auch die meisten Sozialarbeiter und ein wenig mehr Toleranz von seiten der Allgemeinheit. In einer sauberen, netten Nachbarschaft finden die sozial Benachteiligten kaum eine Bleibe; die Vorstädter schließen ihre Reihen. Die Innenstädte sind häufig ein wenig heruntergekommen und daher nicht sehr dicht bewohnt; sie haben Platz für die, die anders sind. Also ziehen diese dorthin und schaffen sich eine Art eigenes Reich.

Doch die Grenzen ihrer abgetrennten Viertel sind nicht unverletzlich. Daher sind sie wieder aufgehoben, noch ehe sie richtig funktionieren. Grund dafür ist die Tatsache, daß in der gesamten industrialisierten Welt derzeit folgendes geschieht: Die Stadtzentren erfreuen sich wieder steigender Beliebtheit. In den Vororten steht kaum noch Platz zur Verfügung, und es gilt wieder als schick, im Zentrum nicht nur zu arbeiten, sondern auch zu wohnen. Fabriken, die die Umwelt verschmutzen, sind weit nach draußen verlagert oder durch saubere elektronische Industrie ersetzt. Im Zuge der Stadterneuerung erhält die City ein anderes Gesicht. Sie ist nicht mehr nur Stadtmitte, sondern auch Mittelpunkt des Wohnens und Lebens. Die sozial Höherstehenden beginnen in die schäbigeren Wohngegenden einzuziehen. Das ist schlimm für die, die in den abgetrennten Vierteln leben. Sie, die nicht zu den feinen Leuten gehören, werden aus ihrem Gebiet verdrängt. Die Stadtzentren sind nun zu gut für sie geworden, und die Vororte, in denen sich zwischenzeitlich nichts geändert hat, nehmen sie auch nicht auf. Also stehen sie auf der Straße und ziehen wie im Mittelalter von Stadt zu Stadt, immer auf der Suche nach billigem Wohn- und Lebensraum. Dabei geraten sie oft in die Mühlen der Justiz. Doch nun werden sie nicht mehr nur als soziale Problemfälle oder als lästig bezeichnet, sondern kriminalisiert. Sämtliche Versorgungseinrichtungen sind aufgelöst; die Stadtzentren sind verschönert; also übernehmen Haftanstalten das Regiment.

Natürlich kennt auch diese Situation ihre Ausnahmen. Die Enthospitalisierung bedeutet in vielen Fällen tatsächlich eine Verbesserung. So sind Jugendliche dadurch häufig dem brutalisierenden Effekt der Jugendgefängnisse entkommen. Patienten aus geschlossenen Anstalten sind in die Gemeinschaft zurückgekehrt. Das italienische Experiment ist nicht ein solcher Fehlschlag gewesen, wie die Verteidiger der konventionellen Psychiatrie zu behaupten pflegen. Menschen, die früher Insassen von Anstalten gewesen sind, haben nun eigene vier Wände, die sie entweder allein bewohnen oder mit ein paar Schicksalsgenossen teilen. Wenn Not am Mann ist, kommt ein Betreuer vorbei, der Rat in sozialen Angelegenheiten gibt, bei der Therapie behilflich ist oder ganz konkret Hilfe bei der Versorgung mit Essen und sauberer Kleidung leistet. In manchen Fällen schlafen die Betreuer auch in derselben Wohnung, im selben Haus oder ganz in der Nähe und sind zur Stelle, wenn Probleme drohen. Es ist also tatsächlich so, daß eine große Zahl ehemals hospitalisierter Menschen den Weg zurück in eine normalere Umwelt gefunden hat.

Auch aus den Schulen hören wir Erfolgsmeldungen. Kinder, die früher die Sonderschule besuchten, werden nun in den normalen Schulen aufgenommen. Um ihnen bei der Teilnahme am normalen Unterricht zu helfen, stehen in manchen Fällen spezielle Lehrer zur Verfügung. In anderen Fällen gibt es spezielle Klassen, wo der Unterricht an den Bedürfnissen dieser Kinder orientiert ist. Meist bekommt es ihnen sehr gut, am normalen Schulalltag teilzunehmen und mit anderen Kindern zusammenzusein. Und die anderen lernen sie kennen; die Geheimnishaftigkeit, die sie umgibt, schwindet zum Teil. Das gilt insbesondere für ländliche Gebiete. Dort werden die Kinder schnell in der ganzen Gemeinde bekannt, wenn sie die normale Schule besuchen. Auf diese Weise haben sie vermutlich ein leichteres Leben.

Aber auch in den Schulen bestehen Wahlmöglichkeiten – genau wie im Bus. Der Umgang der Kinder untereinander ist oft rauh. Die Auswahl, die sie treffen, geschieht jedoch nicht von ungefähr. Lehrer können zwar entgegenwirken und Eltern Mut zusprechen, aber in entscheidenden Momenten werden die, die anders sind als der Rest, auf verlorenem Posten stehen. Wenn mehrere von ihnen in derselben Schule sind, werden sie sich wohl zusammenschließen – freilich mit Widerwillen, weil die Auswahlkriterien der Freunde, die sie abgelehnt haben, auch die ihren sind. Aber sie haben keine andere Wahl. In Schulen, in denen sie allein sind, bleiben sie auch allein. Warum sollten die übrigen Kinder sich anders verhalten, als ihre erwachsenen Vorbilder es tun?

Die Erwachsenen unter den Hilfsbedürftigen erhalten meist Unterstützung dabei, eigene vier Wände zu finden. Doch schon allein dieser Ausdruck ist ein Signal. Wände haben etwas mit Trennung zu tun: Nach einem harten Arbeitstag kommst du nach Haus und öffnest die Tür; sie fällt hinter dir ins Schloß, du bist allein – ein Segen für Menschen, die das Bedürfnis haben, endlich die Maske der Verstellung fallenzulassen.

Diejenigen aber, die uns im vorliegenden Buch beschäftigen, kommen vielleicht von einem Arbeitsplatz nach Haus, an dem sie auf der Skala der Wahlmöglichkeiten ganz unten standen. Auf dem Nachhauseweg im Bus ist es nicht anders. Jahrelang haben sie erfahren, was Ablehnung ist. Und wenn sie schließlich in die eigenen vier Wände kommen, sind sie entweder mit sich selbst oder zwei, drei anderen Ausgestoßenen allein.

Und daran würde sich nichts ändern, wenn es nicht ein paar festangestellte Betreuer gäbe, die einen Teil des Tages mit ihnen verbringen, oder irgend jemanden, der die Nacht über bleibt. Diese berufsmäßigen Helfer gibt es zwar, aber mit ihnen sind zwei große Probleme verbunden. Das eine heißt Kosten. Die Wohlfahrtsstaaten befinden sich allgemein in einer zunehmend schwierigeren Situation. Sie entstanden in Nationen, in denen die Mehrheit der Bevölkerung entweder erfahren hat, was Mangel ist, oder sogar an der Armutsgrenze gelebt hat. Doch diese Mehrheit ist im Schwinden begriffen. Auf der anderen Seite klettern die Preise in die Höhe. Das Geld, das die besonders Bedürftigen bekommen, ist nicht mehr so ohne weiteres verfügbar.

Das zweite Problem liegt nicht ganz so klar auf der Hand. Es hat mit der Beschaffenheit eines Miteinander zu tun, das auf Bezahlung basiert.

10.2   *Bezahlte Freunde?*

Im Zuge der Enthospitalisierung ist eine erhebliche Anzahl von Hilfsbedürftigen in die normale Gesellschaft zurückgekehrt. Dabei handelt es sich jedoch nicht um eine echte Rückkehr, denn anscheinend stehen unsichtbare Wände aus Glas zwischen ihnen und uns. Sie befinden sich zwar mitten unter uns, auf der Straße, im Bus, in der Schule, im Haus und am Arbeitsplatz, doch trotz der räumlichen Nähe sind sie fern und allein.

Die vordringliche Aufgabe im Zusammenhang mit der Entlassung aus Heimen und Anstalten besteht darin, ein Netz der Unterstützung für die Entlassenen aufzubauen. Es ist allgemein bekannt, daß sich die normale Gesellschaft inzwischen stark verändert hat. So sind zum Beispiel die Hausgemeinschaften kleiner geworden, und die einzelnen Familienmitglieder wohnen oft so weit auseinander, daß die gegenseitige Hilfe bei der Pflege eines Angehörigen erschwert ist. Menschen, die besonders hilfs- und pflegebedürftig sind, stehen daher heute vor ungewöhnlich großen Schwierigkeiten.

Hilfe ist angesagt, und Hilfe wird auch gewährt. Ein Heer berufsmäßiger Betreuer steht nicht nur tagsüber, sondern auch abends und nachts bereit. Das sind Stunden um Stunden bezahlter Hilfeleistung. Die Zuwachsrate bei den Sozialpflegern und verwandten Berufen hat enorme Steigerungen erlebt. Dennoch sind die Menschen, denen hier vor allem unser Interesse gilt, einsam. Daran knüpft sich die Frage, ob es denn überhaupt möglich ist, jemandem eine Berufsausbildung zu geben, die ihn befähigt, mit diesen Problemen umzugehen. Kann man jemanden dazu ausbilden, einfach nur dazusein in einer Art Verhältnis, das dem freundschaftlichen oder verwandtschaftlichen gleicht? Wie muß eine solche Berufsausbildung aussehen? Welche Bezahlung ist da angemessen? Kann man überhaupt einen Beruf daraus machen, anderen zu helfen, mit der Einsamkeit fertigzuwerden?

Allen Fragen zum Trotz stellen wir ein Netz berufsmäßiger Helfer zur Verfügung: Vollzeitbeschäftigte wie auch freiwillige Helfer, die unter der Aufsicht der Vollzeitbeschäftigten arbeiten. Für beide gilt, daß die Notwendigkeit zu helfen Auslöser für die soziale Interaktion ist. Die Betreuer bauen eine Beziehung zu den Betreuten auf, weil diese die Betreuung brauchen – eine Situation, die in etwa vergleichbar mit der von Eltern ist, die für ihre Kinder sorgen, oder der einer Zweierbeziehung, in der der eine sich um den erkrankten Partner kümmert. Aber die Situation ist eben nur vergleichbar, nicht gleich. Kinder bedeuten ihren Eltern mehr als hilfsbedürftige Menschen ihren Betreuern. Die Partner einer Zweierbeziehung haben eine komplexe Beziehung zueinander, die viel mehr als nur den

Krankheitsfall oder die Notsituation umfaßt. Außerdem befindet sich derjenige, der Hilfe von seinem Partner erhält, meist nur zeitweise in einer Position der Schwäche. Genau das steht in klarem Gegensatz zu der Situation, in der die Hilfeleistung zum Beruf geworden ist. Da ist das Ungleichgewicht ein Zustand von Dauer.

Ein weiteres charakteristisches Merkmal des Miteinanders in der normalen Gesellschaft ist die Verteilung von Rechten und Pflichten zwischen den einzelnen Parteien. Im Gegensatz dazu sind sowohl berufsmäßige als auch freiwillige Helfer angehalten, klare Grenzen zu ziehen und ihre Pflichten genau abzustecken. Für Betreuer, deren Beruf darin besteht, immer wieder mit anderen hilfsbedürftigen Menschen umzugehen, ist es sehr wichtig, darauf zu achten. So gibt es zum Beispiel Regeln bezüglich der zulässigen Nähe zwischen Betreuer und Betreutem, bezüglich der Aufrechterhaltung von Schranken gegen allzugroße Vertrautheit und bezüglich des Umfangs an Zeit, die jeder einzelnen betreuten Person gewidmet werden darf.

Zusammenfassend läßt sich also feststellen, daß die Beziehung zwischen Betreuer und Betreutem unter der Voraussetzung, daß es sich bei dem Betreuer um eine bezahlte Fachkraft oder Quasi-Fachkraft handelt, durch zwei wesentliche Merkmale gekennzeichnet ist. Zum einen fehlt ihr das Gleichgewicht, weil Geben und Nehmen ungleich verteilt sind. Es ist stets ein und derselbe, der gibt, und ein und derselbe, der nimmt. Zum anderen ist die Verantwortung des Gebenden klar umgrenzt. Beide Wesensmerkmale unterscheiden sich grundlegend von dem, was eine Freundschaft ausmacht. Gleichheit zwischen den Freunden und Fehlen jedweder Beschränkung hinsichtlich der Verpflichtung, den Freund oder die Freundin zu unterstützen, stellen die beiden Säulen einer freundschaftlichen Beziehung dar.

Der Sämann kann als Symbol für die Durchsetzung bestimmter Ideen der modernen Sozialpolitik gelten. Wenn es heißt: keine Heime und Anstalten, keine Absonderung, keine Enklaven für die, die unseren Vorstellungen von Normalität nicht entsprechen, sondern Rückkehr aller in die normale Gesellschaft, dann ist das Leitbild dabei, daß die Betroffenen so gleichmäßig auf die Gesellschaft verteilt werden wie im Frühjahr die Saat auf den Feldern. Anstatt viele der außergewöhnlichen Menschen unter einem Dach zu vereinen, will man sie breit streuen. Das gibt ihnen außergewöhnlich große Chancen, den gewöhnlichen Menschen näherzukommen. Aber zugleich leiden sie auch außergewöhnlichen Mangel an Möglichkeiten, mit Menschen zusammenzusein, die die gleichen Probleme haben wie sie.

Die Hilfsbedürftigen werden in gewisser Weise von der normalen Gesellschaft verschont, in der sie verteilt sind. Statt dessen werden sie von der besonderen Gesellschaft bezahlter Helfer absorbiert. Es ist schwer für sie, Freunde zu finden; Schicksalsgenossen gibt es nur wenige, und diese wenigen sind zudem noch weit entfernt, kaum auffindbar und daher nur von sehr begrenzter sozialer Bedeutung. Die bezahlten Helfer stellen also die Hauptalternative zum Unglücklichsein und zur völligen Einsamkeit dar. Anstatt komplexe Beziehungen zu knüpfen, in denen beide Seiten das gleiche Gewicht haben, übernehmen die Hilfsbedürftigen einen untergeordneten Status innerhalb eines Systems, das zu ihrer Unterstützung geschaffen worden ist. Sie werden nicht zu Freunden, sondern zu Klienten.

Wie sehr der Prozeß der Klientenbildung um sich greift, läßt sich am Beispiel des Schicksals mancher Flüchtlinge und Einwanderer in den vom Sämann-Prinzip geprägten Wohlfahrtsstaaten veranschaulichen. Auch sie werden meist gleichmäßig und fein auf die Gesellschaft verteilt. Die zulässige Gesamtzahl innerhalb eines bestimmten Bezirks ist klar nach oben begrenzt. Angeblich soll das der Eingewöhnung insbesondere der fremdländischsten unter ihnen förderlich sein. Nach dem Zweiten Weltkrieg etwa breitete sich in ganz Norwegen eine dünne Schicht von Flüchtlingen aus. Heute sind es vor allem Lateinamerikaner, Kurden, Afrikaner oder Iraner, die sich von Kristiansand im Süden bis hinauf in den Norden zur russischen Grenze hin verteilen – eine Entfernung, die der von Oslo nach Afrika entspricht. In der Annahme, daß sie so schneller Zutritt zur normalen norwegischen Gesellschaft finden, sollen die Flüchtlinge, durch viele Kilometer voneinander getrennt, ein neues Leben beginnen.

Natürlich weichen sie dieser Situation aus. Da es sich bei ihnen um Menschen handelt, die über ausreichend Energie verfügten, ihrer Heimat den Rücken zu kehren, als es für sie unmöglich wurde, dort weiterzuleben, besitzen viele von ihnen auch die Energie, dem inneren Exil zu entfliehen, das ihnen in der neuen Heimat aufgezwungen wird. Sie tun genau das, was sie nicht tun sollen. Sie vereinen sich. Sie verlassen ihre über das ganze Land verteilten hübschen neuen Wohnungen, in denen sie für sich sind, und kommen dorthin, wo sie ihre Landsleute treffen. Sie scheuen keine Art von Entbehrung, wohnen in menschenunwürdigen Unterkünften, nur um mit ihresgleichen zusammenzusein. Theoretisch sind sie abhängig, also Klienten, und stellen daher eine vermeintliche Belastung für das System der staatlichen Sozialhilfe dar. In Wirklichkeit aber ist es genau andersherum. Wie Beckert und Lönnrot am Beispiel der Verhältnisse in Dänemark verdeutlichen (1988), bedeutet die bloße Tatsache, daß die Einwanderer mit ihren Landsleuten und

Schicksalsgenossen zusammen sind, für sie die Chance zum Überleben. Die Flüchtlinge entwickeln eine Vielfalt zwischenmenschlicher Beziehungen untereinander. Sie helfen einander – zu wechselseitigen Bedingungen. Sie werden also zu ganz normalen, geselligen Menschen und nicht zu Klienten. Aber genau das widerspricht dem Sämann-Prinzip. Die Lösung, die die Flüchtlinge für ihre Problematik finden, ist gegen den Grundsatz der Gleichheit gerichtet.

10.5 «Natürliche» Enklaven

Wenn ethnische Minderheiten stark genug werden, versuchen sie, sich zu gruppieren. Aber nicht alle ihre Mitglieder handeln so. Manche überwinden die gesellschaftlichen Schranken und werden zu ganz normalen Bürgern. Nach einer gewissen Zeit lösen sich ganze Enklaven auf, weil sämtliche Mitglieder die Barrieren überwunden haben. Die Finnen in Schweden sind ein Beispiel dafür. Sie bemühen sich zwar, die finnische Sprache beizubehalten, aber das ist nicht leicht. Finnen und Schweden haben die gleichen Zielvorstellungen – Arbeit und Geld; darum sind die Finnen nach Schweden gekommen. Mit Ausnahme der Sprache bestehen also keine klaren Unterschiede zwischen ihnen. Fraglich ist auch, ob die finnischen Einwanderer über irgendeine Besonderheit verfügen, die es wert wäre, dadurch am Leben erhalten zu werden, daß sie unter sich bleiben (vgl. dazu Rosenberg, 1987).

Oft aber scheint es mit der Assimilation schneller zu gehen, wenn Einwanderer die ersten paar Jahre in einem neuen Land unter ihresgleichen verbringen. Israel zum Beispiel versuchte anfangs, seinen Staat nach dem Sämann-Prinzip aufzubauen, ist aber später davon abgekommen und ermutigte die Angehörigen fremder Nationen, zunächst beisammenzubleiben und sich dann langsam der größeren Einheit anzuschließen. Die Vereinigten Staaten sind ein herausragendes Beispiel dafür; andererseits gibt es dort aber auch Einwanderer, die in ihren Enklaven bleiben, wenn sie zahlenmäßig stark genug sind. So ist Minnesota immer noch voll von norwegischen Siedlungen, deren Bewohner traditionell die Schweden dreißig Meilen weiter nördlich hassen.

Normale Menschen organisieren ihr gesellschaftliches Leben dergestalt, daß sie ihresgleichen um sich haben. Sollten also nicht ganz so normale Menschen vielleicht das Gleiche tun?

Das ist ihnen jedoch verwehrt. Die Konzentration vieler hilfsbedürftiger Menschen an einem Ort, das ist ja genau das, was die Institutionen oder, schlimmer noch, die Ghettos kennzeichnet.

Hier stoßen wir auf ein Grunddilemma unserer Gesellschaft. Geisteskranke, als geistig behindert Bezeichnete oder einfach nur scheue Menschen sind einsam bei uns. Sie sind noch einsamer als die vielen Einsamen, die es ohnehin gibt. Ihnen kann zwar geholfen werden, doch dann geraten sie in Abhängigkeit und werden zu Klienten. Oder sie erhalten die Möglichkeit, einander zu helfen, aber dann bleiben sie anders als die anderen und sind aus dem normalen Alltag ausgegrenzt. Es stellt sich also die zweischneidige Frage, was denn nun die bessere Lösung sei. Ist es besser, gleichmäßig und fein auf die normale Gesellschaft verteilt zu sein, neben den normalen Menschen – zwar nicht ganz gleichberechtigt, aber zumindest in ihrer Nähe – zu leben und von ihnen Hilfe dabei zu bekommen, ein fast normales Leben in einem fast normalen Alltag zu führen, das freilich ein Klientendasein ist? Oder ist es besser, mit den nicht ganz so normalen Menschen, den Behinderten, zusammenzusein und ein anderes Leben zu führen als der Rest von uns, dafür aber weder abhängig noch einsam zu sein?

10.6   Die Taubstummen

Berit ist eine gute Studentin. Sie wohnt mit ihrem Freund zusammen; beide sind ein ganz normales Paar, das ein ganz normales Leben führt. Berit wird wütend, wenn vom Zusammenleben vieler behinderter Menschen die Rede ist. Berit selbst ist sehbehindert und hat lange Zeit zusammen mit vielen anderen zumeist blinden Personen in einem großen Haus gewohnt. Sie wurde in allem unterrichtet, was Blinde üblicherweise erlernen sollen. Berits Los sollte das Dasein einer Telefonistin sein, aber sie nahm von allem Reißaus, um ganz normal zu werden. Sie wollte um keinen Preis mehr ausschließlich mit ihresgleichen zusammensein; sie wollte nicht mehr abhängig sein, sie wollte keine Klientin mehr sein.

Berit hätte auch ein anderes Schicksal haben können; sie hätte zum Beispiel von Geburt an taub sein können. Allein aufzuwachsen hätte dann vielleicht ein außergewöhnliches Maß an Isolation bedeutet. Ohne das Zusammensein mit Gehörlosen wäre sie sehr wahrscheinlich als geistig behindert betrachtet worden. Ohne Hörvermögen würde sie nicht sprechen können. Mit den Menschen in ihrer Nähe hätte sie vielleicht ein primitives Kommunikationssystem entwickelt. Wenn ihre Familie über ausreichend Mittel verfügt hätte, wäre sie vielleicht zu einer Ausbildungseinrichtung für Taubstumme geschickt worden.

Wäre es ihr dort besser ergangen? Sehr wahrscheinlich ja. Nicht unbedingt wegen der Lehrer, sondern wegen der anderen taubstummen Kinder, die vielleicht auch als zurückgeblieben gelten. Sie sind beisammen, teilen das gleiche Schicksal und tun, was alle Menschen tun, wenn ihnen die Möglichkeit dazu gegeben ist: Sie entwickeln Alternativen. Jeder Mensch hat den Drang, sich zu verständigen. Wenn jemand der üblichen Verständigungsmittel beraubt ist, entwickelt er unübliche. Gehörlose Kinder entwickeln eine Zeichensprache, eine Sprache also, die auf der Stellung und den Bewegungen der Finger, Hände, Lippen und des Körpers beruht. Durch ihr Beisammensein überwinden die Kinder die Beeinträchtigungen, die ihnen auferlegt sind.

Doch gegen diese Lösung des Problems laufen diejenigen Sturm, die auf die gesellschaftliche Integration pochen. Sie behaupten, daß man den Gehörlosen aus ihrem isolierten Dasein heraushelfen müsse. Und wenn Hilfe allein nicht genügt, müßten sie eben gezwungen werden. Das geschieht, indem spezifische Einrichtungen der Taubstummenbildung aufgelöst, der Gebrauch der Zeichensprache unterbunden und die Taubstummen sowohl im Ablesen vom Mund als auch im Sprechen individuell unterrichtet werden.

So stehen sich also zwei Weltanschauungen gegenüber. Die eine betrachtet die Gehörlosen als Angehörige einer Minderheitenkultur, die über eine eigene Sprache verfügen und daher – wie alle kulturellen Minderheiten – aufeinander angewiesen sind. Die andere betrachtet Gehörlosigkeit als eine schwere Behinderung, die überwunden werden muß. Um das zu erreichen, ist es notwendig, die eigene Kultur und Sprache der Gehörlosen auszulöschen und die Betroffenen mit aller Macht in die Hauptrichtung des normalen Lebens zu drängen.

Der Streit zwischen diesen beiden Auffassungen tobte besonders heftig um die Jahrhundertwende, und zwar in den USA. Der Hauptvertreter der Ansicht, daß die Gehörlosen einer kulturellen Minderheit angehören und darin bestärkt werden sollten, war der Franzose Laurent Clerc. Er war selbst taub und kam von dem berühmten nationalen Gehörlosen-Institut in Paris, einer Einrichtung, die auf dem Gebrauch der Zeichensprache aufbaute. Für Clerc war der Weg von seinem Heimatdorf zu diesem Institut wie der Weg aus einer Höhle, «in der die Bedeutungen nur schattenhaft, geheimnisvoll und beunruhigend über die grauen Wände geglitten waren. Ich trat ins helle Tageslicht echter Kommunikation, in der ich jede Botschaft verstand, sobald sie geäußert wurde» (zitiert nach Lane, 1984, S. 10).

Clercs Gegenspieler war jedoch mächtiger. Bei ihm handelte es sich um einen Mann, der hören konnte, eine wunderschöne Stimme und einen scharfen Verstand besaß: Alexander Graham Bell, der Erfinder des Telefons. Sein Interesse für gehörlose Menschen entsprang aber nicht seinen Erfindungen; vielmehr war es genau umgekehrt: Die Erfindung des Telefons paßt völlig zu Bells heftigem Kampf gegen die Zeichensprache. Lane stellt dies so dar (S. 340f.):

«Clerc und Bell waren nicht nur in dem zentralen Anliegen, dem beide ihr Leben widmeten, und in ihrer historischen Bedeutung Gegner, sondern auch in praktisch jeder anderen Hinsicht. Clerc sah in der Verschiedenheit der Menschen eine Stärke, Bell hingegen eine Schwäche und Gefahr. Was Clerc als Unterschiede ansah, betrachtete Bell als Abweichungen. Der eine betrachtete atypische Menschen als soziales Phänomen, der andere als medizinisches. Für Clerc stellte die Gehörlosigkeit vor allem eine soziale Beeinträchtigung dar; seiner Ansicht nach bestand das große Problem der Gehörlosen in der Welt der Hörenden, in der sie eine Minderheit darstellen; er hoffte auf den Tag, an dem diejenigen, die Hörvermögen besitzen, guten Willen beweisen und das Problem dadurch lösen, daß sie die Kultur und Sprache der Gehörlosen akzeptieren. Für Bell hingegen stellte die Gehörlosigkeit eine Körperbehinderung dar, die, wenn sie nicht heilbar ist, dadurch gelindert werden kann, daß ihre Makel verschwinden. Menschen mit Hörvermögen, die guten Willens sind, würden den Gehörlosen dabei helfen, auf ihre eigene Sprache und Kultur zu verzichten und als Hörende in einer Welt des Hörens zu gelten. Bei einer Rede während einer Sprachlehrerkonferenz sagte Bell einmal in bezug auf gehörlose Kinder: ‹Wir sollten selbst versuchen zu vergessen, daß sie taub sind, und wir sollten sie lehren zu vergessen, daß sie taub sind.›»

Während für Clerc also das vorrangige Ziel der Erziehung in der Selbstverwirklichung bestand, sah Bell es in der Integration in die Gesellschaft von Menschen, die hören:

«‹Ich gebe zu […], daß ein taubstummes Kind die Zeichensprache ohne Schwierigkeiten erwirbt und daß diese perfekt dazu geeignet ist, seinen Geist zu schulen, aber schließlich ist es nicht die Sprache der Millionen von Menschen, unter denen zu leben ihm bestimmt ist.› Clerc dagegen zog es vor, taubstumme Lehrer an den Taubstummenschulen zu beschäftigen, und zwar wegen ihrer Modellfunktion für die Kinder, wegen ihres Eifers und auch um ihrer eigenen Selbstverwirklichung willen. Bell lehnte dies ab, weil taubstumme Lehrer für ihn ein Hindernis auf dem Weg zur Integration darstellten. Clerc sah in der Gemeinschaft derjenigen, die die Zeichensprache benutzen, eine sprachliche Minorität des jeweiligen Landes, und die Linguistik der letzten Jahrzehnte gibt ihm Recht, denn sie hat inzwischen viele Bezüge zwischen der amerikanischen Zeichensprache und den offenbar universalen Eigenheiten der menschlichen Sprache entdeckt. Bell aber rechnete die Gehörlosen den Behinderten zu, zu denen er auch die Blinden und geistig Zurückgebliebenen zählte. Clerc sah einen Sinn in jeder Form von Gemeinschaft unter den Gehörlosen, in Ehen zum Beipiel, damit die Partner zusammenpassen, in Schulen, damit die Kinder voneinander lernen, in Zusammenkünften jedweder Art, die den Gemeinschaftsgedanken und das gemeinschaftliche soziale Handeln stärken. Bell sah in Ehen zwischen Gehörlosen ein Übel, ebenso wie in den für Gehörlose bestimmten Internaten oder sozialen Organisationen.

Für Clerc, selbst ein Einwanderer und jemand, der mehrere Sprachen beherrschte, stellte die Zweisprachigkeit ein für gehörlose wie hörende Menschen gleichermaßen erstrebenswertes Ziel dar. Seiner Ansicht nach sollte jeder Gehörlose lernen, zumindest das Wichtigste in der jeweiligen Landessprache schreiben zu können, und die besonders Gebildeten unter den Gehörlosen, die als Sprecher für eine Gemeinschaft ohne Schriftsprache fungieren, sollten sogar die Sprache der Mehrheit beherrschen; er selbst hatte das geschafft. Im Gegensatz dazu favorisierte Bell die Einsprachigkeit aller Amerikaner. Vor der National Education Association sagte er einmal: ‹Unsere Bevölkerung rekrutiert sich aus sämtlichen Ländern der Welt, und daraus erwächst dem Staat eine neuerliche Gefahr. Für den Erhalt der nationalen Einheit ist es wichtig, daß die Menschen dieses Landes eine Sprache sprechen.›»

Die Überlegenheit der Sprache war für Bell unumstritten. Lane schildert (vgl. S. 365), wie Bell einmal reagierte, als eine Rektorenkonferenz in Minnesota die Frage «Was bedeutet die Sprache für die Gehörlosen?» auf ihre Tagesordnung setzte. Bell war völlig verblüfft. «Ich bin erstaunt; ich bin zutiefst betroffen. Den Wert der Sprache in Frage stellen? Das ist, als stellte man den Wert des Lebens in Frage!»

Das Dilemma der Integration in die Gesellschaft ist selten so anschaulich geworden wie an den Taubstummen und ihrer Geschichte. Bell erkannte sehr wohl, daß keine andere Sprache für sie tauglicher ist als die Zeichensprache. Das aber durfte nicht die allgemeine Meinung sein, weil das Hauptziel der Taubstummenbildung darin besteht, «sie zu befähigen, in der Welt der Menschen zu leben, die hören und sprechen». Das entspricht genau dem, was auch andere Integrationisten behaupten: Hauptziel ist die Befähigung zum Leben in der normalen Umwelt. Das ist doch nur gerecht, denn: Was gut für mich ist, muß gut für alle sein.

Die letzten Worte von Lanes Buch lauten: «Und Stille trat ein.» Bell bekam schließlich seinen Willen. Die, die ohne Hörvermögen auf die Welt gekommen sind, haben ihre Sprache verloren.

Während ich dies in Norwegen schrieb, fand unter den Gehörlosen in den USA eine Revolution statt. Ich erfuhr davon erst, als das vorliegende Buch beinahe fertig war, und zwar durch einen Artikel von Oliver Sacks (1988).

Bei der Revolution, die er schildert, handelt es sich um eine Art Freiheitskampf. Ort des Geschehens war Gallaudet, die einzige geisteswissenschaftliche Hochschule für Gehörlose in den USA. Ihre Tradition reicht bis zu Clerc und den Anfängen der Zeichensprache zurück, doch litt sie lange Zeit unter der Unterdrückung eben dieses Kommunikationssystems. Plötzlich vollzog sich ein Wandel; die Zeichensprache wurde wieder legitim und erlebte eine Renaissance, und zwar in allen Bereichen der Universität, außer in der Verwaltung und im Kuratorium. Nun sollte Gallaudet einen neuen Präsidenten bekommen. Sechs Kandidaten standen zur Wahl; drei von ihnen waren taub. Dreitausend Personen, Dozenten wie Studenten, versammelten sich, um ihren Wunsch zu bekunden, daß ein Gehörloser Präsident werden sollte. Das Kuratorium nahm jedoch keine Notiz davon und wählte einen anderen Kandidaten. Eine Woche heftiger Protestaktionen folgte. Der neugewählte Präsident zeigte sich hart. Doch Gehörlose aus den gesamten USA schlossen sich dem Protest an; der Druck wurde unerträglich groß; der Präsident gab nach und trug seine Niederlage diesmal mit Fassung; ein Gehörloser übernahm sein Amt. Doch schon die Kampagne selbst war von Bedeutung. Sacks zitiert einen Teilnehmer folgendermaßen (S. 24):

«Ich stamme aus einer Familie, in der alle hören können. […] Mein ganzes Leben lang habe ich den Druck der Welt des Hörens auf mich verspürt: ‹Du kannst dort dies nicht tun, du kannst dort jenes nicht tun.› Jetzt aber ist der ganze Druck weg. Ich fühle mich plötzlich frei und voller Tatendrang. Der Makel ‹taubstumm› ist nun endlich getilgt.

Die Kampagne richtete sich gegen falsche Bevormundung, die nach Ansicht der Gehörlosen alles andere als heilsam ist, da sie nur auf Mitleid und Herablassung beruht und unausgesprochen das Urteil beinhaltet, daß die Gehörlosen nicht nur krank, sondern auch inkompetent sind. Daher richtete sich der Protest auch insbesondere gegen einige der in die Gallaudet-Affäre verwickelten Ärzte, die offenbar dazu neigen, die Gehörlosen lediglich als Menschen mit defekten Ohren zu betrachten und nicht als ein ganzes Volk, das an eine andere Funktionsweise der Sinne gewöhnt ist.»

Sacks hebt hervor, daß die Ausschaltung der Zeichensprache in den achtziger Jahren des vorigen Jahrhunderts fünfundsiebzig Jahre lang schädliche Folgen für die Gehörlosen hatte, und zwar nicht nur für ihre Bildung und ihre akademischen Erfolge, sondern auch für das Bild, das sie von sich selbst haben, sowie für ihre gesamte Gemeinschaft und Kultur.

«Die Gehörlosen-Kultur erwächst aus der Gehörlosigkeit selbst, obgleich man an diesem Punkt versucht ist, das Wort ‹gehörlos› zu streichen und es durch ‹visuell› zu ersetzen bzw. von einer intensiv visuell ausgerichteten Kultur zu sprechen, die aus einer physiologischen Steigerung des Gesichtssinns hervorgeht.»

Warum sind die Taubstummen in Gallaudet am Ende erfolgreich gewesen? Die von Sacks berichteten Worte eines der Anführer in dem Protest geben in diesem Zusammenhang Aufschluß:

«‹Das Ganze ist wirklich äußerst bemerkenswert, denn mein Leben lang habe ich Gehörlose immer nur passiv erlebt. Sie akzeptierten jede Art von Behandlung, die die anderen ihnen zukommen ließen. Aus meiner Sicht waren oder schienen sie bereit, Klienten zu sein, auch wenn sie eigentlich die Kontrolle haben sollten …›

‹Ich verstehe nicht, was du mit Klienten meinst,› sage ich.

‹Du kennst doch Tim Rarus›, [erklärt Bob], ‹das ist der, den du heute morgen bei den Barrikaden gesehen hast und dessen Unterzeichnung du als so echt und leidenschaftlich bewundert hast – nun, er hat in zwei Worten zusammengefaßt, worum es bei dieser Veränderung geht. Er sagte, daß es ein ganz klarer Fall sei. Wenn wir keinen gehörlosen Präsidenten bekommen, gibt es keine Universität mehr. Das war das erste Mal, daß Gehörlose erkannt haben, daß das ausbeuterische Geschäft mit den Klienten ohne die Klienten nicht existieren kann. Es geht um ein Milliarden-Dollar-Geschäft für Menschen, die hören können. Wenn die Gehörlosen nicht mehr mitmachen, ist das Geschäft zunichte.›»

Zwischen den Gehörlosen und denen, die uns im vorliegenden Buch interessieren, gibt es mehrere Parallelen. Wie die Gehörlosen, die ihr Kommunikationssystem verloren und zum Schweigen verurteilt waren, hören alle Menschen, die in der Isolation leben, zu kommunizieren auf. Für die Kommunikationsfähigkeit vieler, deren Körper anders als der der meisten ausgerüstet ist, gilt als unabdingbare Voraussetzung, daß sich das soziale Leben innerhalb von Bahnen abspielt, in denen diese Menschen ihre Verständigungsmöglichkeiten bis zum äußersten nutzen können. Ihre zwischenmenschlichen Beziehungen müssen dauerhaft sein, damit die Möglichkeit besteht, gemeinsame Bedeutungen mit Hilfe nonverbaler Zeichen aufzubauen. Alle Arten von Aushilfskräften, aber auch wechselnde Betreuer und Sozialarbeiter stellen die schlechtmöglichste Lösung des Problems dar. Diese Menschen brauchen eine ruhigere Umgebung, damit ihre Signale empfangen werden können. Und sie brauchen mehr Toleranz – zum einen im Hinblick auf ihre möglicherweise unerwarteten Verhaltensweisen, zum anderen im Hinblick auf das, was nur zu erwartungsgemäß geschieht. Sie brauchen, was fast alle Menschen brauchen.

11
Die Rückkehr ins normale Leben

Vor kurzem wurde der Versuch unternommen, mitten in Oslo ein Camphill-Dorf entstehen zu lassen. Die Absicht dabei war, eine Gemeinschaft von der Art wie die hier beschriebenen Dörfer zu schaffen, damit die, die anders sind, dort zusammenleben können. Die Begründung, die hinter dem Vorhaben stand, klingt einleuchtend: Die meisten, die in den Dörfern leben, sind Städter. Daß sie ihre Heimat verlassen sollen, ist nicht richtig für sie. Orte des Gemeinschaftslebens sollten sich dort befinden, wo die Menschen herkommen. Und schließlich ist es auch für die Städte nicht richtig. Es ist nicht richtig, daß sie genau das exportieren dürfen, was sie als ihr Problem betrachten. In Wirklichkeit stellt sich die Situation allerdings gerade umgekehrt dar, daher habe ich folgendes Argument: Es ist nicht richtig, daß die Städte eben die Bewohner verlieren, die sich vielleicht als ihr besonderer Reichtum erweisen könnten.

Die Zeit wurde also als reif angesehen, die Camphill-Bewegung durch den Aufbau von Gemeinschaften inmitten der Städte einen Schritt weiterzubringen. In Oslo zum Beispiel war schnell ein geeigneter Platz gefunden: ein Häuserblock aus dem 19. Jahrhundert, der eine Grünfläche umschloß. Jedes Stockwerk der Häuser bot Platz für eine Gruppe von der Größe, wie sie in den Hausgemeinschaften der Dörfer üblich ist. Einige der Häuser konnten in Werkstätten umgewandelt werden, da die speziellen Bedürfnisse der Stadt vielleicht neue Arbeitsmöglichkeiten mit sich bringen würden. Für ein nahegelegenes Krankenhaus konnte ein Wohnheim geführt werden. Des weiteren sollte es eine Fahrradreparaturwerkstatt geben, eine Tagesstätte für Menschen, die ähnliche Probleme haben, aber in anderen Stadtvierteln wohnen, und einen Saal für große Veranstaltungen wie die üblichen Vorträge, Konzerte, Dorfversammlungen usw. Gewiß würde die Nähe zur Hektik der Großstadt neue Probleme nach sich ziehen, aber sie brächte auch einen Gewinn. Sobald das Dorf über gefestigte Sozialstrukturen verfügte, würde es keine Randerscheinung mehr bleiben, sondern zu einem Zentrum der Begegnung werden. Seine Mitglieder wären in der Stadt nicht mehr nur zu Gast und suchten dort nach Gesellschaft, sondern würden selbst zu Gastgebern der Leute, die ihre Gesellschaft suchen. Diejenigen, die gewisse Schwierigkeiten haben, könnten gemeinsam die Stadt mit ihren Märkten und Museen, Parkanlagen, Theatern und anderen öffentlichen Schauplätzen erkunden. Die Dorfgemeinschaft inmitten der Stadt hätte zwar gewisse Aspekte eines Ghetto-Lebens an sich, doch würde es sich um ein Ghetto mit einem außergewöhnlich starken Kontakt zum städtischen Umfeld handeln.

So lautete der Plan, der zur allgemeinen Herausforderung wurde. Es gibt in Norwegen eine Vereinigung, die sich die Förderung geistig Behinderter zum Ziel gesetzt hat. Ihre Mitgliederschaft setzt sich im wesentlichen aus Angehörigen der als geistig behindert Bezeichneten zusammen. Die Präsidentin des Osloer Fördervereins schrieb, daß der Vorschlag zum Aufbau eines Kollektivs in der Stadt der Ausgrenzung und gesonderten Versorgung Behinderter Vorschub leisten würde. Derartige Gemeinschaften hätten zur Folge, daß die geistig Behinderten davon abgehalten würden, ein ganz normales Leben zu führen, und zwar mit allen Erfahrungen, die zu einem solchen Leben gehören. Es müßten vielmehr die Voraussetzungen geschaffen werden, daß sie trotz ihrer speziellen Probleme ein sinnerfülltes Leben führen können.

Diese Ansicht wurde dem Sozialministerium offiziell unterbreitet. Kurz darauf kam die Antwort. Mit ausdrücklichem Hinweis auf die Stellungnahme des Fördervereins lehnte das Ministerium jedwede Hilfeleistung bei der Schaffung von Camphill-Gemeinschaften in den Städten ab. Auch die mehrfach direkt an die städtischen Behörden in Oslo gerichteten Appelle erwiesen sich als fruchtlos.

Nach einem im norwegischen Parlament einstimmig angenomme-
nen Plan sollen sämtliche Einrichtungen für geistig Behinderte innerhalb der nächsten Jahre abgeschafft werden. Sie wurden für
menschenunwürdig befunden. Den kommunalen Behörden wurde
zur Auflage gemacht, «ihre» Klienten in die Familien zurückzufüh-
ren, und der Staat stellte eine beträchtliche Summe (im Jahr 1990
betrug sie pro Klient 500 000 NKR, was etwa 130 000 DM entspricht) bereit, damit die Ämter dieser Aufgabe nachkommen können. Zum Zeitpunkt der Drucklegung dieses Buchs haben sämtliche Personen, die besondere Verantwortung dafür tragen, den Insassen von Heimen und Anstalten bei ihrer Entlassung und
Rückkehr in das normale Leben der Hauptstadt behilflich zu sein,
abgelehnt, den Gedanken eines Kollektivs inmitten der Stadt auch
nur zu diskutieren.

11.2   Recht oder Pflicht?

Die meisten von uns «haben es geschafft». Wir sind imstande, in
den Hauptbereichen des gesellschaftlichen Lebens zu funktionieren. Wir wählen die Menschen aus, mit denen wir uns umgeben,
und wir werden von ihnen gewählt. Wir pendeln hin und her,
nehmen Anteil und ziehen uns wieder zurück. Für die Auserwählten ist die Privatsphäre eine gute Sache. Aber das Wort hat einen
Doppelsinn. In ihm steckt einerseits etwas von Freiheit und andererseits von Beraubung. Für jemanden, der zum Beispiel kein eigenes Auto besitzt, stellen Schnellstraßen, die quer durch ein Wohn-
gebiet hindurchführen, vielleicht eine Verringerung der Lebensqua-
lität dar. Aber auch für andere hat die Betonung der Privatsphäre
möglicherweise vergleichbare Folgen. Diese anderen sind unter
Umständen sehr zahlreich, aber sie haben einen schlechten Stand,
wenn es darum geht, ihre Benachteiligung kundzutun. Sie stehen
abseits von der Arena der öffentlichen Diskussion.
Die außergewöhnlichen Menschen haben natürlich Freunde und

Freundeskreise. Diese Freunde sind normale Menschen, und ihr Denken ist vom Grundsatz der Gerechtigkeit geprägt. Warum sollen die Hilfsbedürftigen dieser Gesellschaft nicht das gleiche Leben wie wir alle führen? Was gut für uns ist, sollte auch ihnen zuteil werden. Ihnen dieses Leben vorzuenthalten hat etwas mit Betrug zu tun.

Und dann ist da noch die Herausforderung, die das Gemeinschaftsleben in den Camphill-Dörfern darstellt. Das Zusammenleben dort hat zumindest bei mir Zweifel geweckt in bezug auf die Bahnen, in denen sich unser Leben gewöhnlich abspielt. Die Dorfgemeinschaften stellen Grundvoraussetzungen unseres normalen Alltags in Frage. Ihre Lebensform ist zweifellos für eine große Zahl der Hilfsbedürftigen unserer Gesellschaft geeignet. Und es brauchen doch fast alle Menschen Hilfe, zum Beispiel in der Jugend oder in Zeiten der Krise, vielleicht sogar ständig. Sie brauchen Hilfe, um mit den allgemeinen Problemen des Lebens fertigzuwerden, mit der Einsamkeit etwa oder der Unfähigkeit, mit Geld umzugehen (eine Unfähigkeit, die nicht zuletzt bedeutet, keinen Ausgleich zwischen dem Bedarf an Geld und den Idealvorstellungen zu seiner Verwendung herstellen zu können). Vielleicht führen die Bewohner dieser Dörfer ein besseres Leben als wir anderen draußen. Vielleicht sollten wir alle in Dorfgemeinschaften leben. Solche Gedankengänge rütteln an den Grundlagen unseres Alltags. Das ist ein zusätzlicher Grund, warum die Idee von den Dorfgemeinschaften für Menschen, die anders sind als wir, so oft verworfen wird.

Unter all diesen Aspekten erscheint es als eine Vereinfachung, vom Recht auf ein normales Leben zu sprechen. Denn es geht hier nicht nur um ein Recht, sondern auch um eine Pflicht. Die Menschen werden verpflichtet, ein normales Leben zu führen. Denn es geht nicht mehr nur um die gleichen Lebensbedingungen für alle, sondern um die Vormachtstellung einer Kultur, die den Schutz der vorrangigen Lösungen unserer Gesellschaft garantiert. Die Camphill-Dörfer stellen so provokante Gegenentwürfe dar, daß sie auf Ablehnung stoßen.

Assimilation ist eines von ihnen. Darin steckt etwas von Gleichma-cherei. Außergewöhnliche Menschen sind eben nicht den gewöhn-lichen gleich.

Das zweite Wort heißt *Integration*. Es genießt seine unangefoch-tene Stellung vor allem in jenen Bewegungen, die sich zum Ziel gesetzt haben, die nicht der Norm entsprechenden Menschen zu normalen Mitgliedern der normalen Gesellschaft zu machen. Nach der eigentlichen Bedeutung des Wortes befragt, wissen viele eine Antwort, meist sogar eine richtige. Ein Befragter faltete zum Bei-spiel seine Hände und meinte, das sei – bildlich gesprochen – Inte-gration. Andere sagten, Integration habe etwas mit der Bildung eines Ganzen, mit dem Aufgehen im Ganzen, mit der Zugehörig-keit zu einem Ganzen zu tun. Manche sehen in Integration auch das Gegenteil von Trennung. Kein Wunder also, daß das Wort in sol-chen Ehren steht und zum Inbegriff aller Bestrebungen im Zusam-menhang mit den als behindert Bezeichneten geworden ist.

Aber Worte haben oft eine Doppelbedeutung und spiegeln ein verborgenes Dilemma wider. Wenn wir in der Geschichte des Leit-motivs und Schlüsselworts all derjenigen, die für die Rückkehr ins normale Leben plädieren, ein Stück weiter zurückgehen, stoßen wir auf eine ganz andere Wurzel. Der Begriff Integration hat sich aus dem lateinischen Verb *tangere* ‹berühren› entwickelt. Das Präfix «in-» ist eine Verneinung, also hat Integration etwas mit Unbe-rührtsein, mit Unversehrtheit zu tun. Diese Bedeutung tritt klar zum Vorschein, wenn wir von jemandem als einer integren Persön-lichkeit sprechen. Unberührte Menschen sind also integriert.

Außergewöhnliche Menschen können niemals den gewöhnlichen ähnlich sein. Sie erhalten mehr Hilfe als die anderen – in dem Glauben, daß diese Hilfe einerseits eine Entschädigung für das dar-stellt, was allgemein als Defizit betrachtet wird, und daß sie ande-rerseits irgendwann einmal ein Ergebnis zeigt, das unserem Alltags-bild ein wenig mehr entspricht. Doch wie wir gesehen haben, wird die Hilfeleistung beim gegenwärtigen Stand unseres Bewußtseins in Form von bezahlter Freundschaft erbracht. Eine völlige Anpassung ist daher ein Ding der Unmöglichkeit. Denn je größer die Hilfe beim Prozeß der Anpassung ist, desto stärker droht die Gefahr, den Hilfeempfänger zum Klienten zu machen, was wörtlich «Höriger» bedeutet. Die Klientenrolle bedeutet Ausschluß; Klient zu sein heißt nicht integriert, kein Glied des Ganzen zu sein.

Es ist daher wirklichkeitsnäher, auf eine Wiedereingliederung im alten Sinne des Wortes hinzuarbeiten. Niemand kann völlig unberührt durchs Leben gehen. Denn gerade durch die sanften, manchmal auch unsanften Anstöße von außen überwinden die Menschen ihre Isolation. Doch der Nutzen der Berührbarkeit hat Grenzen, genauso wie die Möglichkeit, unbeschadet durchs Leben zu gehen, Grenzen hat. Für diejenigen unter uns, die nicht den Normen entsprechen, ist es wahrscheinlich nutzbringender, in sozialen Zusammenhängen zu leben, die sie davor bewahren, in die Klientenrolle gedrängt zu werden. Die Camphill-Dörfer stellen ein mögliches Beispiel unter vielen anderen dar. Wenn wir auf unsere andersartigen Mitmenschen eingehen, wenn wir ihren individuellen Fähigkeiten und Bedürfnissen entsprechen, sind wir vielleicht in der Lage, lebensfähige Alternativen zu den Standardlösungen der Industriegesellschaft zu schaffen. Und am Ende stellen wir möglicherweise fest, daß es für die meisten von uns förderlich ist, in sozialen Strukturen zu leben, die als besonders menschengemäß im Hinblick auf die Hilfsbedürftigen unter uns gelten.

Nachwort

Die Dorfgemeinschaft Vidaråsen bei Oslo, deren Bewohner und deren Leben Nils Christie in diesem Buch vorstellt, gehört zu den vielen ähnlichen Niederlassungen der Camphill-Bewegung in der Welt, in denen neue Wege menschlichen Zusammenlebens gesucht werden.

Bei aller Verschiedenheit der konkreten Gründungsanlässe dieser Dorfgemeinschaften und bei aller Unterschiedlichkeit der tatsächlichen Lebensformen, die sich vielfältig in diesen Gemeinschaften entwickelt haben, ist ein gemeinsamer spirituell-sozialer Impuls unübersehbar, der auch in den Berichten des Autors mit großer Spontaneität der Beobachtung, Offenheit und kritischer Wachheit seinen originellen Ausdruck findet. Dieser Impuls ist inzwischen in verschiedener Weise und von verschiedenen Menschen ausgesprochen und beschrieben worden.

Anläßlich der deutschen Übersetzung von Christies Buch mag es berechtigt sein zu erinnern an die Gründungsansprache der ersten Camphill-Dorfgemeinschaft, der Botton Village Community, in Yorkshire (England) am 27. Mai 1956, in welcher Karl König die Ziele und die Idee dieser Begründung im historischen Kontext dargestellt hat.* Er entfaltet darin die Zukunftsaspekte eines «neuen Kapitels sozialen Lebens», nachdem drei große Irrtümer – wie König sie nennt – im 19. Jahrhundert nachhaltig das soziale Leben der Zivilisation beeinflußt und zu ihrer Krise beigetragen haben:

1. Das wissenschaftlich legitimierte Bewußtsein der zivilisierten

* Karl König: *The Three Great Errors. A Chapter in Community Living.* In: «Camphill Villages», hrsg. v. Camphill Village Trust, 1977. Vom Autor frei aus dem Englischen übersetzt.

Menschheit, Herr und Erbe der Erde zu sein mit dem gleichzeitig erfolgten Verlust der Erfahrung der Gotteswirklichkeit,

2. das Axiom ursprünglich eingeborener Instinkte, welches als Theorie des «Überlebens der Fähigsten» die Auffassung von der Entwicklung des Menschen und der Menschheit nachhaltig beeinflußt hat, und schließlich

3. die Festlegung der Höhe der meßbaren Intelligenz als Kriterium der Anerkennung des einzelnen im gesellschaftlichen Zusammenhang.

In der Begründung der ersten Dorfgemeinschaft sah König ein historisches Symptom im Sinne der immer stärker werdenden Tendenz zu neuen Gemeinschaftsbildungen, wie sie schon nach dem Ersten Weltkrieg in verschiedenen experimentellen Formen des Zusammenlebens begonnen hatte. Zur Heilung der Folgen der Irrtümer des 19. Jahrhunderts sollten auch die Dorfgemeinschaften beitragen. «Der Mensch», so Karl König, «will dem anderen Menschen nicht vorwiegend als intelligentem Wesen, sondern als Menschen begegnen. Er sucht in ihm dessen höheres Selbst. Der Mensch will nicht von seinen Mitmenschen als eine Summe von Instinkten und Trieben betrachtet und verstanden werden, sondern als strebend nach dem göttlichen Urbild als Ausdruck seiner Würde. Der Mensch möchte die Offenbarung des Göttlichen in der Welt wieder entdecken und in ihr die Überzeugung existentieller Verbundenheit der Menschen untereinander als eine Wirklichkeit der göttlichen Offenbarung auf Erden.»

Unter anderen modernen «Experimenten sozialen Zusammenlebens» wird es – so Karl König – die besondere Aufgabe sein, mit denjenigen, die keinen Platz in der Leistungsgesellschaft der Gegenwart finden können, ein volles soziales Leben in den Dorfgemeinschaften auszugestalten, ohne in eine passive Versorgung von Behinderten oder ein gesellschaftliches Refugium zurückzufallen. König hat schon damals diese Gefahr, die aus besten humanitären Intentionen hervorgehen kann, erkannt und ihr einen entschiedenen und umfassenden Impuls entgegengesetzt: Es sollte ein Experiment begonnen werden, welches die Erfahrung der gegenseitigen Abhängigkeit, aber auch gegenseitiger Erwürdigung ermöglicht, woraus jenseits bloßer organisatorischer Planung neue soziale Lebensqualitäten – zunächst auf begrenztem Felde – entstehen können. Damit war ein Beitrag zur Überwindung der sozialen Krise in der Gegenwart gegeben.

Der Autor dieses Buches, Nils Christie, ist Professor für Kriminologie und Soziologie an der Universität in Oslo und hat sich mit einigen seiner Studenten seit den sechziger Jahren engagiert mit der Entwicklung der Dorfgemeinschaft Vidaråsen beschäftigt. Es hat sich daraus eine dauerhafte Freundschaft entwickelt. Vidaråsen hätte wohl kaum einen besseren Interpreten finden können.

Im Vorwort hat Nils Christie seine wachsende Beziehung zu Vidaråsen und die Aufgabe, die er sich gestellt hat, beschrieben. Schon nach den ersten Begegnungen mit den Menschen dieser Dorfgemeinschaft erkannte er die Bedeutung dieses, wie er es einmal nannte, «aufregendsten sozialen Experiments in Jahrzehnten». Dies um so mehr, als sich der Autor engagiert dem Schicksal von besonderen Menschengruppierungen, politischen Minoritäten und Strafgefangenen zugewendet hat. Diese eigenen sozialen Bemühungen fanden auch darin ihren ungewöhnlichen Ausdruck, daß er zu seinen Vorträgen an der Universität Seelenpflege-bedürftige Menschen eingeladen hat. Er hat die dabei gemachten Erfahrungen auch für den deutschen Leser ausführlich beschrieben.* Auch in den Dorfversammlungen von Vidaråsen, an denen alle Bewohner teilnehmen, hat Christie als beliebter Vortragender mitgewirkt. Er betrachtete diese Tätigkeit als Einübung, von der sonst üblichen akademischen Intellektualität Abstand zu nehmen und zu einer mehr bildhaften Darstellung von Inhalten aufzusteigen, die von «Jedermann» verstanden werden können.

Christies Interesse am Leben in Vidaråsen, welches auch auf seine Studenten übersprang, führte zu längeren Aufenthalten dort, wo er in einer Hausgemeinschaft das Dorfleben teilte.

* Nils Christie: *Wir sind die Verlierer!* Plädoyer für «ungewöhnliche» Menschen an der Universität. In: Die Drei, Heft 11, 1982.

Die authentische Originalität dieses Buches beruht nicht zuletzt auf der Nähe des Autors zum Leben der Dorfgemeinschaft und läßt uns eine Methode soziologischer Reflexion erleben, die sich unmittelbar an der Wirklichkeit orientiert und auch in der problembewußten Verarbeitung von Erfahrungen diese Ebene nie ganz verläßt.

Das Buch vermittelt deshalb sowohl für diejenigen, welche in Dorfgemeinschaften mitarbeiten, als auch für eine weitere, an modernen sozialen Fragen interessierte Öffentlichkeit ebenso wesentliche wie ungewöhnliche Denk-Anstöße. Der Leser wird vor allem mit Fragen entlassen: Fragen nach den Grundformen sozialer Lebensqualitäten und der Vielseitigkeit sozialer Begegnung, die in unserer Welt nicht verlorengehen sollen, nach neuen Möglichkeiten, die nicht gegeben oder ausgedacht, sondern von den Beteiligten entdeckt werden wollen, und vor allen Dingen mit der Frage nach der Gemeinschaft von Menschen, einem zukünftigen Urbild, welches keimhaft in Christies Buch über die Dorfgemeinschaften sichtbar wird. So ist ein liebevolles, kritisches, aber zugleich auch zu Kontroversen anregendes Buch entstanden, in dem sich das Leben des Dorfes in Vidaråsen selbst widerspiegelt.

Dem Verlag ist zu danken für die Initiative zu dieser Veröffentlichung des zunächst in englischer Sprache erschienenen Buches in deutscher Übersetzung.

Brachenreuthe, 11. November 1991   *H. Müller-Wiedemann*

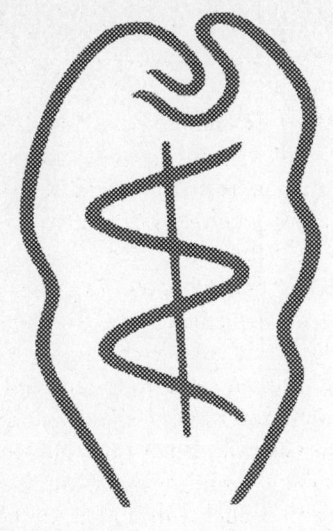

Sie haben es
vielleicht schon
unzählige Male
gesehen.

Aber haben Sie auch
einmal darüber
nachgedacht?

Das Zeichen für Heilung und Pflege: Ein Signum anthroposophischer Lebenspraxis

Als die WELEDA 1921 auf Anregung von Rudolf Steiner gegründet wurde, skizzierte er dieses Zeichen als Ausdruck für die innere Aufgabe der anthroposophischen Heilmittelkunde: Einen neuen, wesensgemäßen Zusammenhang zwischen den Lebensprozessen der Natur und denen im Menschen zu schaffen. WELEDA Arzneimittel und Körperpflegepräparate entstehen auf der Grundlage wertvoller Natursubstanzen. Tatsächlich jedoch gehen sie über bloße Naturprodukte hinaus: Sie sind Kulturerzeugnisse. Der positiv auf die Natur angewandte Geist des Menschen schafft etwas nie Dagewesenes, wenn er Kräfte und Stoffe der Natur in einen menschen- und geistgemäßen Zusammenhang stellt. Diesen Zusammenhang zu erforschen, ist die immer wieder neue Aufgabe, die seit 70 Jahren das Fundament der weltweiten WELEDA-Arbeit bildet. Wenn Sie sich dafür interessieren: Wir informieren Sie gerne. Schreiben Sie an:
WELEDA AG Heilmittelbetriebe,
Postfach 1320, 7070 Schwäbisch Gmünd.

WELEDA
Im Einklang mit Mensch und Natur

Erwähnte Literatur

Beckert, Birgitte / Lönnrot, Gitte: «Etniske grupper og bosætning» («Ethnische Gruppen und ihre Ansiedlung»), in: *Information* (Kopenhagen), 21. März 1988.

Dear, Michael / Wolch, Jennifer: *Landscapes of Despair: From Deinstitutionalization to Homelessness*. Oxford 1987.

Edgerton, Robert B.: *The Clock of Competence: Stigma in the Lives of the Mentally Retarded*. Berkeley 1967.

Ekelöf, Gunnar: *Blandade kort* («Gemischte Karten»). Stockholm 1957.

Ende, Michael: *Die unendliche Geschichte*. Stuttgart 1978.

Foucault, Michel: *Überwachen und Strafen. Die Geburt des Gefängnisses*. Übers. von Walter Seitter. Frankfurt a. M. 1976.

– *Wahnsinn und Gesellschaft. Eine Geschichte des Wahns im Zeitalter der Vernunft*. Übers. von Ulrich Köppen. Frankfurt a. M. 1973.

Goffman, Erving: *Essays on the Social Situation of Mental Patients and Other Inmates*. New York 1961.

Illich, Ivan: *Tools for Conviviality*. New York / London 1973; dt. *Selbstbegrenzung. Eine politische Kritik der Technik*. Übers. von Nils Thomas Lindquist. Hamburg 1975.

Kavafis, Konstantinos: *Brichst du auf gen Ithaka ... Sämtliche Gedichte*. Übers. von Wolfgang Josing unter Mitarbeit von Doris Gundert. Köln ²1987.

König, Karl: *The Camphill Movement*. Botton Village (Yorkshire) 1960.

Lane, Harlan: *When the Mind Hears: A History of the Deaf*. New York / Toronto 1984; dt. *Mit der Seele hören. Die Geschichte der Taubheit*. Übers. von Martin Pfeiffer. München 1988.

Leinslie, Gjertrud: «Beretning fra et verksted» («Werkstattbericht»). Vidaråsen 1984.

Rosenberg, Thomas: *På spaning efter en ny tydelighet* («Auf der Suche nach einer neuen Klarheit»). Hangö (Finnland) 1987.

Rudeng, Erik: «Robert Owen», in: *Pax Lexikon*, Bd. 5, Oslo 1980.

Sacks, Oliver: «The Revolution of the Deaf», in: *New York Review of Books*, 2. Juni 1988.

Seip, Didrik Arup: *Hjemme og i fiendeland* («Zu Hause und auf feindlichem Gebiet»). Oslo 1946.

Steiner, Rudolf: *Geisteswissenschaft und soziale Frage. 3 Aufsätze 1905/06*. Dornach ⁶1989.

Ufer, Nils: *Set fra Ishøj* («Von Ishøj aus gesehen»). Kopenhagen 1988.

Zborowski, Mark / Herzog, Elizabeth: *Little-Town of Eastern Europe*. New York 1952.

Østerberg, Dag: *Fortolkende sosiologi* («Deutende Soziologie»). Oslo 1986.

–   *Metasociology: An Inquiry into the Origins and Validity of Social Thought*. Oslo 1988.

Weiterführende Literatur

Allen, Joan de Ris: *Living Buildings*. Aberdeen 1990.

König, Karl: *In Need of Special Understanding*. Botton Village (Yorkshire) 1986.

Parmann, Øystein: «Vidaråsen Landsby: Ideer – dagligliv – bakgrunn» («Die Dorfgemeinschaft Vidaråsen: Ideen – Alltagsleben – Hintergründe»). Oslo 1980.

Pietzner, Cornelius M. (Hrsg.): *Village Life: The Camphill Communities*. Salzburg 1986.

– *Aspects of Curative Education*. Aberdeen 1966.

– (Hrsg.), *A Candle on the Hill: Images of Camphill Life*. Edinburgh 1990; dt. *Camphill: Fünfzig Jahre Leben und Arbeiten mit Seelenpflege-bedürftigen Menschen*. Hrsg. von Cornelius Pietzner und Joachim Scholz. Übers. von Susanne Lenz und Ulrich Zeutschel. Stuttgart 1991.

Steiner, Rudolf: *Soziale Zukunft. 6 Vorträge mit Fragenbeantwortungen*. Zürich 1919. Rudolf Steiner Gesamtausgabe, Bibl.-Nr. 332a. Dornach ²1977.

– *Die Kernpunkte der sozialen Frage in den Lebensnotwendigkeiten der Gegenwart und Zukunft*. GA Bibl.-Nr. 23. Dornach ⁶1976.

Weihs, Anke / Tallø, Joan: *Camphill Villages*. Überarb. Neuaufl., hrsg. von Wain Farrants. Botton Village (Yorkshire) 1988.

Weihs, Thomas J.: *Children in Need of Special Care*. London 1977; dt. *Das entwicklungsgestörte Kind. Heilpädagogische Erfahrungen in der therapeutischen Gemeinschaft*. Übers. von Ulla Küster unter Mitarb. von Hans Müller-Wiedemann. Stuttgart ³1991.

Heilpädagogik
aus anthroposophischer Menschenkunde
Schriftenreihe der Medizinischen Sektion am Goetheanum

Zum Heilpädagogischen Kurs Rudolf Steiners
Mit Aufsätzen von Rudolf Grosse, Hellmut Klimm, Hermann Poppelbaum, Georg von Arnim, Walter Holtzapfel und Georg Unger.
2. Auflage, 115 Seiten, kartoniert

Beiträge zur heilpädagogischen Methodik
Mit Aufsätzen von Hans Müller-Wiedemann, Kurt Vierl, Georg und Veronika Goelzer und Carlo Pietzner.
2. Auflage, 120 Seiten, kartoniert

Karl König / Georg von Arnim / Ursula Herberg
Sprachverständnis und Sprachbehandlung
2. Auflage, 119 Seiten, kartoniert

Karl König
Sinnesentwicklung und Leiberfahrung
Heilpädagogische Gesichtspunkte zur Sinneslehre Rudolf Steiners
3. Auflage, 124 Seiten, kartoniert

Der frühkindliche Autismus als Entwicklungsstörung
Erscheinungsformen und Hintergründe
Von Walter Holtzapfel, Hellmut Klimm, Karl König, Jakob Lutz, Hans Müller-Wiedemann und Thomas J. Weihs
2., erweiterte Auflage, 190 Seiten, kartoniert

Eve-Lis Damm
Malen mit Seelenpflege-bedürftigen Kindern
80 Seiten mit 80 farbigen Abbildungen, gebunden

Karl König
Über die menschliche Seele
120 Seiten, kartoniert

Erziehen und Heilen durch Musik
Musiktherapie und Heilpädagogik.
Herausgegeben von Gerhard Beilharz.
Mit Beiträgen verschiedener Autoren
336 Seiten mit zahlreichen Fotos und Zeichnungen, Leinen

Verlag Freies Geistesleben

Plädoyer für das Leben mongoloider Kinder

Down-Syndrom und pränatale Diagnostik.
Herausgegeben von Johannes Denger.
Mit Beiträgen von Wolfgang Schad, Angelika Gäch, Fredi Saal,
Ulrich Beck, Hans Müller-Wiedemann, Walter Holtzapfel,
Lukas Hablützel und Michaela Glöckler.
137 Seiten, kartoniert.

Was dieses Buch so lesenswert macht, ist das entschiedene Engagement der Autoren für einen umfassenden Blick auf das Leben des mongoloiden Kindes. Sie zeigen, daß es nicht genügt, eine Chromosomenanomalie festzustellen und im Hinblick auf eine mögliche Unzumutbarkeit des daraus entstehenden Lebens, dieses für lebensunwert zu erklären. Durch eine eingehende Betrachtung der menschlichen Biographie ergibt sich vielmehr, daß der Wert eines Lebens nicht in seiner «Normalität» zu suchen ist, sondern vielmehr in dem, was ein Mensch durch die Möglichkeit der Auseinandersetzung mit seinem Schicksal aus diesem Leben an Entwicklungschancen ziehen kann.

Verlag Freies Geistesleben

Die umfassende Dokumentation
der anthroposophischen Heilpädagogik
in Bild und Wort

Heilende Erziehung
aus dem Menschenbild
der Anthroposophie

Leben, lernen und arbeiten mit Seelenpflege-bedürftigen
Kindern und Erwachsenen,
herausgegeben vom Verband Anthroposophischer Einrichtungen
für Heilpädagogik und Sozial-Therapie
Textredaktion: Bernhard Fischer
Gestaltung und Bildredaktion: Walther Roggenkamp
2. Auflage, 224 Seiten mit über 200 z. T. farbigen Abb., kartoniert.

Aus dem Inhalt:

So fing es an / Menschenbilder – Bildungsziele / Grundlagen der Erziehung / Schicksalserkenntnis – Schicksalshilfe / Der Arzt als Mittler / Sozialtherapeutik – Ziele und Aufgaben / Lebensgemeinschaft – soziale Wirklichkeit / Rhythmus im Tagesgeschehen / Feste des Jahres / Therapeutische Arbeit / Musik / Heileurythmie / Therapeutische Malübungen / Lehr- und Lernzeit / Arbeitswelt / Lebensformen / Ausbildungswege zum Heilpädagogen und Sozialtherapeuten.

Verlag Freies Geistesleben

Camphill

Fünfzig Jahre Leben und Arbeiten
mit Seelenpflege-bedürftigen Menschen.
Herausgegeben von Cornelius Pietzner und Joachim Scholz,
Vorwort von Wilhelm Ernst Barkhoff.
Übersetzt aus dem Englischen von Susanne Lenz
und Ulrich Zeutschel.
173 Seiten mit über 200 Farb- und
Schwarweißfotos, gebunden.

28. Mai 1939: In einem alten Pfarrhaus bei Aberdeen findet sich eine kleine Gruppe österreichischer Emigranten zusammen, um die Eröffnung einer neuen Gemeinschaft für behinderte Kinder zu feiern. Aus dem ärmlichen, vom Krieg bedrohten Anfang entwickeln Karl König und seine Mitarbeiter die Camphill-Bewegung, der heute mehr als 70 Einrichtungen in vier Erdteilen angehören.
Dieses Buch entfaltet in Berichten und Bildern die ungewöhnliche Geschichte von Camphill. Es schildert das gemeinsame Leben und Arbeiten, die Gestaltung sozialer Verhältnisse, die Anfänge und das heute Erreichte.

«Diesem Buch wünsche ich eine weite Verbreitung, damit möglichst viele Menschen daran Anstoß nehmen können. Sie werden Anstoß nehmen, weil sich in ihm die ungewöhnliche Wirklichkeit von Camphill ausdrückt. Sie werden aber auch Anstoß nehmen, weil diese Wirklichkeit durch das Buch verdeckt wird. Das, was in Camphill sichtbar werden will, ist wirklich neu, das heißt anstößig. Wer ihm nahe kommt, wird bewegt.»
Wilhelm Ernst Barkhoff

Verlag Freies Geistesleben

HANS MÜLLER-WIEDEMANN

Karl König

Eine mitteleuropäische Biographie
im 20. Jahrhundert
ca. 500 Seiten mit zahlreichen
Schwarzweißabbildungen, Leinen

Karl König (1902-1966) ist als Autor zahlreicher Bücher, als erfahrener Arzt, Heilpädagoge und als Begründer der Camphill-Bewegung berühmt. Seinen Werdegang und seine in jeder Hinsicht außergewöhnliche Biographie kennen aber bis heute nur sehr wenige Menschen.

Die Biographie von Hans Müller-Wiedemann bietet erstmals einen umfassenden Einblick in das bewegte Leben Karl Königs.

Als Sohn jüdischer Eltern wächst Karl König in Wien auf und entscheidet sich schon früh für den Weg des Arztes und Naturwissenschaftlers. Er begegnet der Geisteswissenschaft Rudolf Steiners, und nach ersten Erfahrungen als Arzt in einem Heim in Schlesien kehrt er zurück nach Wien, wo er sich mit einer Gruppe von jungen Menschen immer tiefer in die Geisteswissenschaft einarbeitet. Die Tätigkeit als Arzt allein befriedigt König jedoch nicht. Es reift schließlich der Entschluß, eine therapeutische Lebensgemeinschaft aus spirituellen Impulsen zu begründen.

Die Naziherrschaft drängt König und seine zum großen Teil jüdischen Freunde zur Flucht ins Ausland, zunächst ohne festes Ziel, nur mit dem Willen, eine neue christliche Gemeinschaftsform zu begründen. Unter erheblichen äußeren Schwierigkeiten entsteht in Schottland Anfang der 40er Jahre schließlich die Keimzelle zu der heute über die ganze Welt verbreiteten Camphill-Bewegung mit ihrer spezifischen Form des Zusammenlebens und -arbeitens.

Verlag Freies Geistesleben

Praxis Anthroposophie

Verlag Freies Geistesleben

Praxis Anthroposophie

Verlag Freies Geistesleben